Piccola Biblioteca Oscar

CONCITA DE GREGORIO

UNA MADRE LO SA

Tutte le ombre dell'amore perfetto

OSCAR MONDADORI

I edizione Strade blu ottobre 2006
I edizione Piccola Biblioteca Oscar febbraio 2008

ISBN 978-88-04-57470-5

Questo volume è stato stampato
presso Mondadori Printing S.p.A.
Stabilimento NSM - Cles (TN)
Stampato in Italia. Printed in Italy

Anno 2009 - Ristampa 3 4 5 6 7

Indice

Una madre lo sa

a Lorenzo, per i nostri primi dieci anni

a Pietro che capisce, Paolo che sente,
a Concha che sa tenere insieme tutto

ad Ale, perchè todo cambia e anche noi

Introduzione

Cosa sia una «buona madre» lo decidono gli altri. Il coro. Lo sguardo che approva e che rimprovera. Quelli che sanno sempre cosa si fa e cosa no. Cosa è giusto, saggio, utile. Quelli che dicono «è la natura, è così»: devi avere pazienza, assecondare i ritmi, provare tenerezza, dedicarti. Se ti senti affondare è perché sei inadeguata. Se soffochi è perché non hai gli strumenti della maturità. Se i figli non vengono devi rassegnarti, non accanirti, non insistere: si vede che non eri fatta per essere madre. Se non ne hai voluti devi avere in fondo qualcosa che non va. Se non hai nessuno vicino che voglia farne con te è perché non l'hai trovato, sei stata troppo esigente, forse troppo inquieta. Se preferisci il lavoro allora cosa pretendi. Se non ci sei mai che ne sarà di tuo figlio, se gli stai sempre addosso come potrà rendersi autonomo. Se ti stanca sei depressa, se ti fa impazzire sei un mostro. Se hai un padre ingombrante, una madre assente, se sei sopraffatta dalla loro presenza o se sei orfana; se la maternità non ti invade naturalmente e spontaneamente come un raggio di luce, se non ti cambia i connotati rendendoti nutrice solare, improvvisamente dedita e paziente: ecco, allora è chiaro che non hai l'istinto giusto. Sei inadatta, sei contro natura. Colpevole, a pensarci bene. Una cattiva madre.

Eppure gli amori maldestri e asimmetrici, le donne che fanno figli per sempre o per un momento, quelle che non li fanno senza per questo sentirsi mancanti, senza sentirsi mancare, prendendosi intanto cura del mondo: quei casi esclusi dai manuali e dall'approvazione di chi intorno annuisce sono lì, evidenti. Vanno avanti, inciampano, si rialzano, ti salutano, mandano cartoline.

È che la vita per fortuna dà un posto alle cose. Quando sembra che non ce ne sia uno per sé guardarsi attorno aiuta. Le storie, anche poche storie incrociate senza averle cercate, parlano di questo: di come invece ci sia un posto per tutto, a saperglielo dare. Un posto anche per l'assenza. Di quante ombre sia pieno l'amore perfetto, e di quante risorse inattese. Di quanti modi esistano per accogliere quello che viene, quello che c'è. Tanti modi così diversi e tutti senza colpa, alla fine: i modi che ciascuno trova. Certi drammatici, certi lievi e pieni di allegria. Cosa sia davvero contro natura è un altro tribunale a decidere. Dalle donne passa la vita, sempre. Dalla pancia, dalla testa, dalle mani e dai ricordi. Dalla capacità e dal desiderio di tenere dentro, a volte dall'impossibilità di farlo. Quello che succede nel transito non è materia per dibattiti.

Vorrei che tu fossi la madre dei miei figli. Non c'è niente di più grande che una persona possa dire a un'altra. Niente di più doloroso che sentirselo negare. Non c'è nulla di più difficile da sostenere e insieme niente di meglio da desiderare. Non serve nemmeno che succeda, poi, e spesso non servono le parole per dirlo. Si sente, è quel pensiero. Vorrei essere la madre dei tuoi figli. Dei miei. Vorrei essere madre. Vorrei essere, e basta. Esserci forte, pianissimo, alla luce o di nascosto. Andare avanti senza perdere nulla di quello che c'è dietro. Tutto intorno è così del resto: basta mettersi in ascolto.

Mettersi in ascolto significa identificarsi, vestire i panni dell'altro, immaginare il suo punto di vista. Viviamo in un mondo sordomuto di vite blindate, dove ogni incontro ha il sapore di un miracolo. Negli anni, mesi o istanti in cui vive, l'incontro si alimenta di questo: di comunicazione. Non di parole, non è quello: vive di sintonia. Come con le manopole della radio: bisogna aggiustare la ricezione, trovare la lunghezza d'onda dell'altro e finalmente sentire. Sfiorare anche solo un momento la meraviglia dell'unisono: un solo suono, lo stesso suono, un suono così chiaro. Non c'è nessuna comunicazione o – peggio – c'è solo sfinente comunicazione formale, senza quel tentativo di immedesimarsi. Di ascoltare, appunto. Di capire e perciò di «sapere». Io ti conosco come nessun altro, dicono le madri ai figli, gli amanti agli amati. Intendono dire: io ti sento, io ti so. Io ti sono dentro.

Questo libro nasce dal disagio di non trovare fuori quel che c'è dentro. Come quando il suono è disturbato, quel disagio lì: come quando la ricezione è deformata e non c'è corrispondenza tra il tuo ascolto e le voci intorno. Sul tema della maternità – le luci e le ombre dell'amore perfetto – c'è un sentire privato e uno collettivo, c'è la vita com'è e poi c'è la sua rappresentazione corale, pubblica e condivisa: non coincidono quasi mai, com'è possibile? I racconti, gli articoli di giornale, le leggi scritte, i trattati di scienza, i dibattiti sui fatti di cronaca fanno un gran rumore continuo e decretano cosa sia accettabile e legittimo, cosa «normale» e cosa no. Forniscono gli elementi per distinguere la buona madre, giudicano e stabiliscono le colpe, i meriti. Sono quasi sempre lontani dalla realtà. Non sono in sintonia con la verità individuale, non la «sentono». Eppure di madri è pieno il mondo, ciascuno ne ha una. Le madri alimentano l'esistenza, mettendo al mondo anche chi madre non è: la relazione che corre tra madri e figli non è un tema da donne. Non serve essere un cane per fare il veterinario, non occorre essere già morti una volta per lavorare in terapia intensiva. Non bisogna aver partorito per aver voglia di capire come funziona il delicato meccanismo che si mette in moto all'alba dei giorni: è il cuore della vita di tutti.

La mia generazione ha conosciuto le nonne. Ci è cresciuta, spesso. Le nonne venivano da un'altra epoca, quella in cui alle donne era richiesta la cura della famiglia: un lavoro immane, ma solo quello. Facevano i figli a sedici anni perché le loro madri li avevano fatti a sedici, non avevano il compito di assecondare il proprio talento e le proprie inclinazioni, non erano state educate ad anteporre la propria indipendenza culturale ed economica al resto, non avevano master a Boston da seguire per non restare fuori dalla competizione del lavoro, non erano uguali agli uomini: erano diverse, avevano un destino diverso. Rinunciavano molto, soffrivano di certo, insegnavano la sopportazione. Avrebbero potuto essere medici straordinari e si limitavano a curare le ferite dei figli coi rimedi di casa, sarebbero state fantastici amministratori delegati e dovevano invece solo contenere le rovine economiche dei mariti, disapprovati in silenzio. Insegnavano cose come: «Quando il tuo uomo dice qualcosa che non condividi non discutere, fai come se fosse il rumore della pioggia. Lascialo dire, poi passa». Raccontavano ai nipoti favole terrificanti. In Toscana c'è quella di *Cecino e il bue*, l'ha poi trovata anche Calvino. Si racconta ancora, comincia così: «"Mamma ho fame! Mamma ho sete! Mamma prendimi in collo!" gridavano i cento bambini piccoli come chicchi di cece comparsi dal nulla e subito sparpagliati fra i barattoli, i cassetti, i fornelli. La donna, spaventata, prese a inseguire questi esserini, a ficcarli nel mortaio e a schiacciarli col pestello come a farne purea di ceci. Quando credette di averli ammazzati tutti si mise a preparare il mangiare per il marito». La sera, per addormentarci, le nonne cantavano una ninna nanna che dice così: «Questo bimbo a chi lo do? Se lo do all'uomo nero me lo tiene un anno intero». Questi figli, da schiacciare nel mortaio e da dare all'uomo nero. Questi figli così faticosi, così pesanti, questi figli da dare via. Perché racconta questo la saggezza popolare? Perché i genitori troppo poveri per mantenerli abbandonano i loro bambini nei boschi? Lo spiega García Lorca nel suo saggio che raccoglie le ninne nanne spagnole. Nella tradizione orale, quella che ti tramandano nel dormiveglia quando hai un anno e mezzo, i figli per le madri sono un peso. La favola a due anni te la dimentichi, poi a quaranta te la ricordi.

La mia generazione ha avuto madri moderne, madri lavoratrici, consapevoli e colte, madri «anche» madri oltreché giudici, caporeparto, sarte, professoresse, medici. La prima generazione di madri che ci ha insegnato con l'esempio che quel sacrificio lì, quello delle nonne, non si faceva più: avevano combattuto per noi la battaglia dell'uguaglianza portandoci neonati alle assemblee. L'avevano vinta. In televisione davano «Pippi Calzelunghe», la storia di una bambina orfana e felice, sola al mondo e piena di amici, autosufficiente, fortissima, una che si cucina da sola e che non va a scuola, una che a vivere impara da sé. Anche a casa, del resto, qualche volta si cucinava da soli: mamma era al lavoro, papà anche. Era normale così: era stata la loro battaglia e la nostra verità, l'unica data. Poi l'estate si andava insieme in vacanza, si scoprivano le cose del mondo, si immaginava di esserne i padroni, tutto sembrava possibile e ancora da succedere. Bisognava solo impegnarsi e studiare, il resto sarebbe venuto da solo. Era ovvio che sarebbe andata così.

Noi a vent'anni non ci abbiamo pensato nemmeno per scherzo a metter su famiglia. Avevamo una quantità immensa di altre cose da fare. A trenta, quando la diversità che pure alligna nella biologia chiama a campane di festa, qualcuna si è arresa e poi defilata a crescere i bambini, qualcun'altra no. A quaranta è stato a volte troppo tardi. Nessuno ci aveva avvisate che il «doppio lavoro» avrebbe portato con sé alla fine questo tipo di scelta; in effetti non è sembrata nemmeno una scelta: è andata così. I figli arrivano a un certo punto, poi – al netto della medicina – non arrivano più. Le soddisfazioni di lavoro in genere anche. Purtroppo è lo stesso lasso di tempo.

Così diventa tutto eccezionale, fuori norma. La supermamma che vince le Olimpiadi, fa un figlio e dopo tre mesi vince i mondiali di scherma. Fuori norma verso l'alto. La celebre bellissima attrice che a quarant'anni partorisce e sogna di scaraventare il figlio contro un muro. Fuori norma verso il basso. La ragazza che diventa madre da sola: fuori norma a sinistra; quella che tiene in braccio una bambina ammalata e lascia il lavoro, la vita sociale, lascia il mondo per dedicarsi a fare fino in fondo la mamma: fuori norma a destra. Le madri che uccidono e che si uccidono, i padri che non vedono: dove sono i padri in queste storie? Le figlie che vivono schiacciate dall'assenza e dalla distrazione paterna; le figlie che vogliono prendere il loro posto, proprio quello, nel gioco della politica; quelle che girano film per essere viste da tutti poiché gli è mancato, del padre, lo sguardo. Le donne che essere madri non vogliono, per loro articoli di giornale a tutta pagina: ecco l'ostetrica che ha fatto nascere mille bambini e non ne ha avuto neanche uno. Incredibile no? Stranissimo. Le madri adottive, che l'istinto se lo devono costruire pezzo a pezzo, le madri che ai figli devono il riscatto di una vita bruciata da ragazze e poi rifiorita grazie a loro. Storie anche belle, storie felici e però fuori spartito. Eccezioni, appunto, dice il coro: la strada principale è un'altra, il quadretto agiografico della famiglia. Mostri, le così tante donne che si accaniscono sui loro bambini. E chi sono questi mostri?

Il nostro codice penale, che non è del secolo scorso ma di venticinque anni fa, stabilisce pene relativamente lievi per l'infanticidio: «La madre che cagiona la morte del neonato immediatamente dopo il parto ... quando il fatto è determinato da condizioni di abbandono materiale e morale connesse al parto è punita con la reclusione da quattro a dodici anni». Meno che per un omicidio, perché si suppone che abbia agito «in stato di grave turbamento» determinato dal parto, appunto, o dalla solitudine e dall'abbandono. Ci fu un lungo dibattito durante la discussione della legge. La senatrice comunista Carla Ravaioli parlò contro le considerazioni di psicopatologia associate alla maternità come se «rientrassero in una concezione maschilista di inferiorità psicofisica della donna». Così l'infanticidio ha, per così dire, punizione attenuata solo nei casi di donne senza compagno e senza dimora che uccidano il figlio entro cinque giorni dal parto. Vediamo la realtà, adesso. Nel 2003, in Italia, su ventidue donne ricoverate in ospedale psichiatrico giudiziario per infanticidio solo una era nubile. Sedici sposate, nessuna in stato di indigenza. Il delitto avviene molto di rado a ridosso del parto: nella maggior parte dei casi a diversi mesi o persino anni dalla nascita. Così, anche in un terreno così doloroso come è quello delle madri che uccidono, l'osservazione del reale, la legge italiana che lo codifica, è fuori sintonia rispetto alla vita vera. Come se non la vedesse, non la ascoltasse. Di più: come se non la volesse vedere né ascoltare.

Le storie degli uomini – i nonni, i figli, i compagni –, che raccontano la loro preoccupazione e la loro premura per le ombre che avvolgono le madri, sono le voci più limpide di questa raccolta: basta guardare, ci dicono, e vedere si può. Chiunque può farlo. Le voci dei bambini che chiedono tempo e che sempre perdonano per quello che manca sono le più struggenti. Una madre è quella che ti è data, va bene com'è. Va bene anche una cattiva madre, forse. Di certo va bene una madre fuori norma, va bene una zia che fa da mamma, va bene un po' di qualcosa, anche solo un pezzo. Va bene accogliere quel che succede, anche quello che non volevi e che non doveva succedere. Le donne sanno farlo meglio, dipende da come funzionano gli emisferi del loro cervello, spiegano i medici: le donne mettono in comunicazione la parte destra e la sinistra, ragionano per sintesi più che per analisi, tengono insieme quel che insieme altrimenti non sta. Lo dice Almodóvar nel suo bel film: le donne sanno nascondere un cadavere e affettare i peperoni, hanno un posto per tutto. Le madri sono più brave a uscire da un labirinto, insegnano i biologi: con un figlio sono più veloci. Se sopraffatte da un'onda con due bambini in braccio lasciano andare il più grande. Se sopraffatte dalla vita cercano comunque un posto dove mettersi in salvo con loro, e non è mai detto quale sia il peggiore dei mali né cosa sia la salvezza. Chi sia mai uscito in mare aperto, chi sia passato anche solo una volta tra l'onda e lo scoglio lo sa.

Il Cobra allatta. Valentina Vezzali

Quando ti dicono: «Mangia che il bambino ha bisogno, cosa te ne importa se ingrassi, le mamme sono tutte belle». Quando ti spiegano che adesso è meglio che tu non pensi al lavoro, lasciali perdere. Quando ti regalano l'iscrizione al corso di yoga dolce e ti parlano di quelle lezioni di musica per «mamme in attesa» dove si fa tutti insieme «patapim patapum» tenendosi per mano. Quando ti portano a casa dolcetti macrobiotici che sanno di intonaco e ti indicano nelle vetrine pigiamoni di felpa con cani bassotti giganti chiedendoti: «Ti piace, non è delizioso?». Quando va così è il momento di ricordarsi del Cobra.

Il Cobra quando è rimasta incinta è ingrassata venti chili. A Natale mangiava lasagne e tortelli fatti a mano dalla mamma. Venti chili, in totale settantatré: da sentirsi male al pensiero. Il 9 giugno ha partorito Pietro, diciotto giorni dopo ha ricominciato a combattere. Grassa, certo. In quattro mesi li ha persi tutti e venti mangiando anche un gelato ogni sera. Niente barrette né beveroni schifosi: dieta a zona, non più di cinque ore fra un pasto e l'altro, 40 per cento di carboidrati, 30 di proteine e 30 di grassi, gelato compreso. Dopo quattro mesi è ritornata in pedana e ha vinto. Campionessa del mondo, di nuovo. La migliore di tutte, ancora. È stato a Lipsia: aveva al collo una tartarughina di Pietro come portafortuna e negli occhi quella luce lì. La stessa di tutta la vita, una luce che taglia. Ha fatto le stesse capriole che fa sempre, si è rotolata e ha urlato, pazza di gioia e di adrenalina ancora in circolo. Un attimo dopo, con la visiera alzata, ha telefonato a casa: come sta Pietro? Valentina Vezzali non è una donna dell'altro mondo, è una ragazza che dice anche frasi qualunque: «Fare un bambino è la cosa più bella che mi sia mai capitata», «A mio figlio ci penso sempre», «A una certa età le donne hanno proprio bisogno di un figlio», «Non è importante quanto ci sto ma come ci sto». Sì, d'accordo. Poi però le altre si lasciano sopraffare: stanno ferme un anno, rinunciano alle gare. Solo mamme, prima di tutto mamme e il resto pazienza. Lei no: lei *anche* mamma. Mamma insieme al resto, mamma senza perdere niente della vita che corre e che brucia, che non è vero che si ferma in quel momento lì, che ti riduce prima a un contenitore senza forma e poi a un distributore di cibo a comando: no, la vita accelera con un bambino in braccio. Si illumina, si accende di senso, si moltiplica e sposta l'orizzonte lontanissimo. Bisogna solo governare la corsa. Essere allenati e attrezzati a farlo, questo sì. «Ho avuto fortuna perché tutto è venuto quando l'ho desiderato, e io ero pronta.» In effetti è una fortuna.

Ad agosto 2004 il Cobra ha vinto le Olimpiadi di Atene. Dormiva in stanza con la sua avversaria di sempre, Giovanna Trillini: stava nel letto appiccicato al suo con un libro su Napoleone sul comodino e le tormentava anche i sogni. «Non capisco perché Giovanna non abbia reagito quando mi ha sentita arrivare, all'ultima stoccata» disse il mattino dopo commentando la gara. «L'ho sentita arrivare, non ho reagito» disse Giovanna rifacendosi la borsa senza alzare la testa. A qualcuno va così: il killer lo vedi arrivare, ti lasci infilare, non sei in grado di muoverti. C'è chi sa ipnotizzare col sibilo, il Cobra sa farlo, e chi non impara in una vita intera a spostarsi di lato. Nate nella stessa città, cresciute nella stessa palestra. È una dannazione: quando perdi un mondiale o un'olimpiade non sei seconda nel mondo, sei seconda a Jesi: all'edicola, al chiosco dei gelati. Il giorno dopo l'oro Valentina ha lasciato il villaggio degli atleti, la stanza tre metri per due che divideva con la sua vittima e se ne è andata via col marito Mimmo Giugliano, un calciatore. Un tipo belloccio che gioca in serie C e che quando l'ha conosciuta – lei aveva già vinto qualunque cosa fosse stata messa in palio – ha memorizzato il suo nome sul cellulare così: «Pezzali». Il calcio è il calcio, la scherma al mondo non conta. Quaranta giorni dopo quella notte greca, al principio di ottobre, Valentina ha fatto il test di gravidanza. Positivo. Sua madre Enrica, una imponente e spiritosa signora emiliana, dice che «la Vale è nata sotto una buona stella, ha sempre avuto quello che voleva». Rievoca la sua nascita, era il giorno di San Valentino. «Io volevo il maschio, ero sicura. Quando è nata e ho visto che non aveva il cosino ho pianto tanto. Mio marito doveva arrivare in ospedale e aspetta aspetta non veniva più: "Ecco," ho pensato "gli ho fatto la terza femmina e non torna più a casa".» La figlia ride: «Dai mamma, non esagerare. Poi mi son fatta perdonare di essere femmina, no?». Si è fatta perdonare. È diventata cattivissima. «Cattiva? Valentina è credulona e ingenua, altro che cattiva.» Le mamme dicono tutte così. «No, guardi che è vero. Ha una volontà invidiabile, questo sì. Si domina molto. Col padre aveva un rapporto strettissimo, si capivano con uno sguardo. È morto che lei aveva quindici anni, era un martedì. Sono andata a prenderla a scuola e le ho detto: "Papà è morto". Il sabato lei è partita per Lisbona, è salita in pedana e ha vinto il suo primo mondiale.»

Pietro lo ha allattato tre mesi. «Le mie sorelle i figli li hanno tenuti al seno più di un anno ma io avevo poco latte, l'ho allattato finché ho potuto. L'ho fatto con tutto il cuore ed è stato bellissimo. Lo portavo agli allenamenti e li interrompevo per la poppata: ogni due ore e mezzo. Poi un giorno è finito, lui aveva fame e io non ne avevo abbastanza. Il pediatra ha detto: "Ok, i tuoi anticorpi glieli hai dati, non preoccuparti, va bene così". Non mi sono preoccupata. Ho pensato: "Adesso mi metto sotto e vado a Lipsia". Non voglio che Pietro abbia una mamma frustrata, voglio che abbia una mamma felice. Se sto bene io starà bene anche lui.»

Poi sì, intorno c'è sempre qualcuno che ti dice: «Ma che brutto spettacolo, una donna con un bambino di quattro mesi che lo lascia solo e va a gareggiare: è sbagliato, è contro natura. Che cattiva mamma che sei». «Bisogna liberarsi da questo incubo del coro attorno, vorrei fare una campagna pubblicitaria per spiegarlo. La gente non aspetta altro che il momento di metterti in ginocchio, di ridurti in un angolo, di renderti inoffensiva e ristabilire i ruoli di sei secoli fa. Ti sei divertita, hai fatto finta di essere invincibile: ora sei una madre, dunque togliti di mezzo, torna a casa. È una cosa razzista, ingiusta. Per andare ai mondiali di Lipsia ho lasciato Pietro dieci giorni con mia madre. L'ho pensato ogni minuto, è stato sempre con me. Quando sono tornata siamo partiti per una vacanza, non me lo toglievo più dalle braccia. Mio marito e io abbiamo un'idea precisa di come stare insieme: è importante la qualità. Vogliamo forse dire che è migliore il destino di quelle madri che vorrebbero fare anche altro e non possono, rimangono per forza chiuse in casa col figlio e lo tengono nel box tutto il giorno e poi si deprimono, diventano violente, persino autolesioniste? Che prigione è? Perché?»

Dice che quando torna da una gara, da un allenamento e riprende in braccio il suo bambino si sente felice «come un aquilone» e forte: «Sì, mi sento più forte con lui, lo stringo e penso: "Io non mollo, noi non molliamo: noi andiamo diritto"». La vita di un Cobra è dura. Ti chiamano Nikita, il killer. Ti dicono che sei un serpente, che sei fatta di ghiaccio e combatti per uccidere. Un serpente che allatta non si è visto mai. «Non è facile vincere sempre e reggere la pressione della gente intorno, dei giornali, di quelli che si aspettano che tu faccia sempre il meglio e che in fondo stanno al varco per vedere quando sbagli. Tanti, dati per vincenti, non reggono e crollano, ne è pieno il mondo. La scherma è un duello, è uno sport che ti mette davanti all'avversario. Non puoi perderlo di vista un attimo, devi indovinare i suoi pensieri. Stargli dietro e stargli avanti, entrargli dentro e diventare lui per ritornare a essere te, e allora tirare. Devi imparare a giocare al gatto col topo: stancarlo e prenderlo con destrezza. Io ho avuto un grande maestro che mi ha insegnato questo, grandissimo.»

Il maestro Ezio Triccoli, racconta mentre guarda una foto di Pietro sul telefonino, «ha imparato la scherma nei campi di concentramento in Sudafrica, durante la Seconda guerra mondiale. In quel campo di prigionia inglese facevano scherma con le canne di bambù. Poi, tornato a Jesi, ha aperto una palestra e ha portato generazioni di atleti alle Olimpiadi. Era una persona come non ce ne sono più, una di quelle alle quali dare del Lei. Mi ha insegnato che lo sport non serve a vincere, ma a diventare un campione nella vita». Non ha mai detto, il maestro Triccoli, «Io non alleno le donne» come fa Clint Eastwood in *Million Dollar Baby*. «Ma figurarsi, non era davvero il tipo!

Comunque la scherma non è la boxe, la scherma è uno sport di tradizione anche femminile. Temo che Pietro giocherà a calcio, suo padre non aspetta altro. Però quando nasce Ginevra la porto in palestra appena cammina.» Ginevra è il prossimo progetto. «Dopo le Olimpiadi di Pechino.» Abbiamo già stabilito giorno e ora? «Ma no, non esageriamo... Non andrà sempre come ad Atene, magari ci sarà da aspettare qualche mese. Però con Mimmo siamo d'accordo: le prossime Olimpiadi, e poi facciamo un altro figlio.» Dal momento che si possono vincere e rivincere Campionati del mondo e Olimpiadi ogni quattro anni e intanto tenere i figli al seno ogni due ore, ingrassare venti chili e perderli, mangiare gelati e allenarsi. Senza restare incastrate dentro casa, senza essere sopraffatte dalla melassa retorica della buona mamma che non abbandona i suoi piccoli. «E poi scusi, cosa faccio io di straordinario? Forse non ci sono milioni di madri che sono costrette per guadagnarsi la vita a lasciare i figli a volte all'altro capo del mondo? Pensi alle immigrate che vengono a lavorare qui. O anche solo alle donne che devono tornare al lavoro quando finisce il permesso e non possono fare altrimenti, che lasciano i bambini al nido, stando in uffici che magari detestano per giornate intere. Quella sì che è fatica. La vita ordinaria può essere terribile. Io in pedana sto bene, in gara mi sento un leone, mia madre e mio marito sono sempre con me. Pietro è un fiore, è la mia energia. Alzarsi alle sei la mattina tutta la vita per andare in fabbrica: quello è duro. Le Olimpiadi in fondo sono un gioco.»

Il figlio del bancomat

È un sabato di marzo che sembra già estate. Maria Rosaria è tornata a Barcellona per un controllo, l'ultimo. È al settimo mese, dice che d'ora in avanti potrebbe già nascere, dunque le prossime analisi le farà a Roma, si fermerà a casa. Ci vediamo su una panchina del lungomare, in acqua ci sono i windsurf. Nei ristoranti all'aperto, sulla spiaggia, i turisti mangiano riso nero. Lei è bionda e morbida, ha una pancia rotonda, porta orecchini di perla, ride. «Adesso ti faccio vedere il papà.» Sfila dalla borsa il portafogli, fruga come se cercasse una foto, tira fuori il bancomat. «Eccolo, ti piace? Il nostro bambino si chiamerà Ettore: sarà figlio mio e del mio bancomat.» Ride più forte. «È bancomat e carta di credito insieme. Multiforme, adattabile. È stato un compagno fedele, molto migliore dell'ultimo e anche del penultimo. Qualche volta mi ha tradita ma abbiamo risolto. Una domenica mattina non ha pagato il conto dell'albergo. È stato il nostro momento peggiore. Però aveva ragione lui, ero stata io a esagerare: non avevo fatto bene i conti, mi capita sempre anche con le persone.» Dice che questo figlio le è costato in tutto ventimila euro. «A Roma, per me, erano un anno di affitto. Ho cambiato casa, ho preso un appartamento a metà con un'amica. Ora ne spendo quattrocento al mese. Ho preso un prestito in banca, per Ettore. Ho calcolato che in cinque anni rientro delle spese.»

Maria Rosaria ha 38 anni, suona il violoncello in un'orchestra importante, ha inciso anche da solista. «Non sono Rostropovich ma me la cavo. Una quindicina d'anni fa dicevano che ero un talento, una ragazza prodigio. Si aspettavano grandi cose, venivano dalle case discografiche a chiedermi di firmare l'esclusiva. Suonavo bene, ma se devo essere onesta il suo peso l'ha avuto il fatto che ero bionda e venivo bene nelle foto. Hai notato che le violiniste famose sono tutte anche belle? Non è che le brutte suonino peggio. È che l'agente vende il pacchetto: giornali, filmati tv, capisci?» Chiaro, e poi? «Poi ho incontrato un uomo pessimo, in caduta libera, due anni rovinosi, ho lasciato tutto per inseguirlo, ero convinta che l'avrei salvato dalla sua follia. Un delirio, a ripensarci ora. Mi sono salvata per miracolo. Ho accettato un lavoro in Giappone, sono scappata via. Hai presente scappare all'altro capo del mondo?» Scappare, sì. «Non serve a niente. Ero sempre da un'altra parte con la testa, passavo le notti a scrivere lettere e buttarle. Suonare era diventata una routine, una fatica. Gli ammiratori non li vedevo. I fiori nella stanza d'albergo li regalavo alle cameriere. Telefonavo ai miei ogni due giorni, scrivevo mail alle mie sorelle per dire tutto bene. Uscivo fuori e mi sembrava di essere un marziano. Non mi emozionava più niente. Facciamo due passi? Mi accompagni verso la clinica?» Andiamo. «Sono tornata che pesavo otto chili di più: quando sto male ingrasso, ho anche questo problema.» Quando ride si tocca la perla all'orecchio.

«Al ritorno ho incontrato l'uomo perfetto. Ho fatto molta resistenza all'inizio ma poi mi sono arresa: ha superato due anni di rifiuti, dovevo credergli e crederci anch'io.

Dieci anni con lui: i dieci più importanti della vita. Veniva ai concerti e se non poteva voleva la cassetta, mi ascoltava suonare per ore, a volte al telefono: chiamava e mi diceva "suoni?". Mi accudiva. Passava a cercare la mia macchina fuori dall'Accademia e mi lasciava dei biglietti sotto il tergicristallo. Un giorno mi ha detto, sovrappensiero: lo so, è un pezzo difficile, ma tu studialo bene, incidi il disco e poi ti sposo. Io non mi volevo sposare, figuriamoci. Ho detto ai miei: ho conosciuto un ragazzo gentile. Mia madre mi ha risposto, al telefono: "Stai attenta". Dopo qualche giorno mi è arrivata una lettera di mio padre, scritta a mano con la stilografica: "Resta libera. Sei ancora giovane, troppo". Mi faceva ridere perché non ci pensavo affatto a fermarmi. Ecco siamo arrivate, questa è la clinica dove abbiamo fatto Ettore. Lo sai che all'ingresso c'è una ragazza italiana? Anche la psicologa che ci segue è italiana. Arriva tanta gente qui dall'Italia: è vicino, costa poco, sono bravissimi. Ho visto diverse coppie ma più di tutto ragazze sole. Io sono in media con l'età. Ce ne sono anche di 43, 44 anni. Certo a volte mi domando se ce la farò poi da sola, ma certo che ce la farò.»

Ma l'uomo perfetto dov'è? «A casa sua. Lui ha una famiglia, te l'avevo detto questo no? Non mi è mai sembrato importante, le cose vanno come devono andare, gli incontri sono così: si aggiungono, non si sostituiscono. Perciò mi dicevo: io ci sono e non ci sono, parto, torno, quando studio sono inaccessibile, giro il mondo faccio un lavoro che amo, ho quello che desidero. Non mi manca niente e quando stiamo insieme siamo così felici. Pensavo: l'amore è qui anche se non lo nominiamo. Non era vero. Ma insomma adesso smettiamola di parlare di questo, è noioisissimo, è una storia d'amore finita male come ce ne sono a miliardi: in più questa magari era solo nella mia testa.»

Pausa per il tempo dell'ecografia. La clinica sembra fatta solo di vetro, è una costruzione di cubi bianchi e luminosi ai piedi della collina. Nel parcheggio ci sono una decina di macchine, in sala d'attesa nessuno. L'esame è ok. Al congedo saluti e abbracci come se fosse una persona di famiglia che parte. «Ne compio 39. Dopo i quarant'anni non l'avrei fatto più, non so dire perché. Mia madre mi ha avuta a 34 e dice sempre che era vecchia. Lo so che sono cambiati i tempi e che non c'è pericolo, ma certe cose ti restano dentro in un posto remoto del cervello. Perciò è stato così che ho guardato negli occhi il mio bancomat e sono partita. Mi sono detta: adesso, e mi è sembrata una guarigione. È anche che non ci credo più agli incontri, non a quegli incontri lì che ci metti dentro la vita e sembrano una sinfonia. Tutt'al più potrò avere un altro minuetto. Magari mi innamorerò di nuovo fra dieci anni, sui cinquanta, ma sarà un'altra cosa, no? E poi ora c'è questo bambino. Lo so benissimo che i figli nascono dalla passione, figurati: nascono anche negli angoli pieni di polvere, anche quando non li vuoi. A me non è successo. L'uomo perfetto me ne aveva regalato uno per distrazione. Ero pronta a fare da sola, ma quel microbo non è rimasto con me. Non lo so perché. Forse lavoravo troppo. Forse ero troppo infelice. Sono partita di nuovo e di nuovo non è servito. E poi non ero più nemmeno una giovane promessa della musica: un valido elemento per una media orchestra, ormai. Gli amici persi quasi tutti per strada, quando t'infili in dieci anni così non ti sta dietro nessuno. Sono andata a trovare mia nonna a Napoli. Era lei che quando ero piccola mi diceva sempre "Ci vogliono almeno due anni": fra un figlio e un altro, fra un raccolto e il successivo, fra un amore e il prossimo. Mi ha ascoltato poi ci siamo messe a fare il sugo di pomodoro, siamo rimaste insieme a sentire il tg. La sera mi ha detto: "Ricordati, amore: chi pecora si fa, il lupo se la mangia". Volevo chiederle: "Nonna, ma perché uno si fa pecora?". Invece le ho domandato: "Sono troppo vecchia secondo te per avere un bambino?". Lei mi ha risposto: "Ma no, non lo senti il tg? Ora le donne fanno come vogliono: ci sono i medici, ci sono i soldi". Mia nonna, ti rendi conto? È lei che mi ha fatto venire in mente il bancomat. Non subito, ho dovuto pensarci un po'. Poi ho fatto i conti, non dico solo i conti economici. Alla fine ho detto: ma sì, posso. Certo che posso. Ce la faccio da sola.»

La madre della madre

Mercè Anglada ha fatto nascere più di diecimila bambini, senza contare i gemelli. Ha cominciato nel 1962, ha finito quest'anno: ostetrica per quarantaquattro anni, ha visto passare dalla sala parto tre generazioni di medici. Non si è mai sposata, non ha avuto figli. «Mi telefonavano gli amici dalla spiaggia, certe sere d'agosto, e io ero lì accanto a una madre con le doglie. Potevo andare? Mi sembrava di no, non potevo lasciarla e dunque non andavo. Ogni tanto, oggi che sono in pensione, ripenso alla vita fuori e la vedo scorrere come un film a cui non ho partecipato. Decine di appuntamenti che ho promesso e poi mancato, feste dove pensavo di arrivare magari in ritardo e non arrivavo affatto, viaggi e vacanze da cui ricevevo cartoline che dicevano: "Manchi solo tu". A volte è stata dura, un paio di volte durissima. Però il miracolo era qui dentro, in questa stanza. Non ci si abitua mai, è incredibile, ma è proprio così: ogni volta è come la prima. Ogni bambino che ho preso per le spalle, per i piedi, per un braccio e che ho tirato dentro questo mondo è stato un po' anche mio.»

L'esperienza non cambia i connotati del miracolo. Solo aiuta a vedere più chiaro e in anticipo quello che sta per succedere. Insegna a riconoscere le situazioni. «Ho imparato quasi subito, per esempio, che quando la madre grida "muoio" è il momento in cui il bambino nasce.» Partorire è un po' morire. «Esattamente. Al principio mi spaventavo. Pensavo: muore. E invece succedeva sempre lo stesso, perciò si può davvero concludere questo: la sensazione di morire è quella che coincide con la nascita. Una volta, certo. Quando non esistevano le anestesie. Quando le donne mordevano, graffiavano, ti stringevano fino a buttarti a terra. Ora guardi che calma, non si sente un sussurro. Una volta la prima cosa che chiedevano era: "Maschio o femmina?". Ora lo sanno già, e sanno anche se sono gemelli. Mi ricordo negli anni Sessanta la faccia che facevano quando dicevi: "Piano che ne arriva un altro". Un altro? Qualcuna diceva anche: "Un altro no, per favore". Poi però andavano a casa felici.» Storie tragiche, in tempi in cui si navigava a vista. «Un famoso cantante accompagnò la moglie e se ne andò perché aveva un concerto. Andava tutto bene, ma poi le dovemmo dare un antibiotico, ebbe uno choc anafilattico, morirono la madre e il bambino, mentre il padre al suo concerto cantava. È stato uno dei momenti peggiori della mia vita. Oggi una cosa del genere non succederebbe più.» Storie da favola. «Avevamo avvolto il neonato in una coperta, pesava ottocento grammi, eravamo tutti sicuri che non sarebbe sopravvissuto. Allora non c'erano incubatrici, così lo battezzai, lo avvolsi e lo poggiai in un angolo. C'era un altro parto in corso, lungo. Al ritorno, due ore dopo, sento un rumore, alzo la copertina e il bebè stava piangendo. L'abbiamo intubata, è sopravvissuta. Era una femmina. A parità di difficoltà le femmine vanno più avanti.» L'emozione più grande. «Stavo facendo un'esplorazione di routine a una donna che aveva iniziato il parto, quando il feto, che aveva il braccio sulla testa, allunga la mano e mi stringe un dito. Fu uno spavento pazzesco, gridai. Però una cosa stupenda, ancora me lo sogno certe notti.» Adesso è tutto molto diverso, tutto più tranquillo. «Ora i familiari che aspettano fuori l'unica cosa che chiedono quando il parto è finito è il peso del bambino. Del resto sanno già tutto. La prima domanda è davvero sempre questa: "Quanto pesa?". La cosa che mi colpisce, specialmente se ripenso agli inizi, è che nessuno chiede mai subito come sta la madre. Nessuno tranne la madre della madre, che sempre – sempre – chiede per prima cosa come sta sua figlia.»

Molly, vita di una bambina

Questa è la storia meravigliosa e terribile di Molly, una bambina nata per non vivere nemmeno qualche giorno – avevano detto i medici, perché qualcosa nel suo corpo consumava i muscoli e la vita – e vissuta invece quattordici anni, quattordici lunghissimi anni in cui si è vestita da ballerina ed è andata dal parrucchiere, coi bigodini in testa e con la rivista «Hello!» in mano, ha fatto da damigella al matrimonio di suo zio e ha recitato nel *Lago dei cigni*, ha fatto il bagno nel mare di Maiorca e la turista a Roma con gli occhiali scuri, ha tenuto in braccio un neonato, ha fatto i capricci, ha riso fino a farsi venire il singhiozzo, ha giocato a nascondino a ricreazione, ha manifestato in piazza contro i tagli alla scuola pubblica, coi cartelli «Stop the cuts», ha scritto un tema sulla morte di lady Diana, che è morta nel tunnel tre giorni dopo che sua zia Carol era morta in un letto, ad agosto: «I fiori che io e i miei due cuginetti abbiamo lasciato alla zia Carol erano molto speciali perché venivano dal suo giardino, i fiori dei figli della principessa Diana non venivano dal suo giardino. Mi è sembrato che la morte della principessa Diana sia restata in tv per giorni e giorni. La zia Carol è morta di cancro e ha lasciato i suoi due figli di tre e cinque anni e suo marito, mio zio Bruce.

La principessa Diana ha lasciato due figli di dodici e quindici anni e suo marito, il principe Carlo. La morte della principessa Diana è stata solo un sottofondo».

Questa è la storia di Molly e di sua madre Lesley, che di mestiere fa la fotografa e che con le sue foto l'ha raccontata in silenzio a tutto il mondo, e se non avete voglia di ascoltarla perché costa fatica sentire di bambini ammalati, bambini che muoiono, vi sbagliate perché è una storia bellissima, invece, che parla di rabbia e di allegria e di come si possa vivere e poi sopravvivere, alla fine, anche quando sembra di no. Lesley, per esempio, quando Molly se n'è andata, ha cominciato a curare le piante: «Volevo sparire, essere invisibile. Mettere le mani nella terra fino a farle diventare nere. Far crescere i fiori, accarezzare le foglie. Stare in silenzio ad accudire qualcosa che avesse bisogno di me. Togliere quello che non serve, aggiungere quello che manca. È stupendo fare il giardiniere: non sei più nessuno, sei la forza che fa crescere le piante. Ti dimentichi. Ti prendi cura». È stato così per tre anni, ora ha ricominciato a fotografare. Vuole traslocare, dice, perché le serve avere in casa una camera oscura.

Lesley McIntyre ha cinquantacinque anni, sembrano quindici di meno. Vive in una casa di fate dentro il parco di Putney, Londra. È lunga e sottile, ha i capelli lisci biondi che scendono sul viso separati da una riga a metà, porta alle orecchie due tappi di bottiglia su cui è dipinta Frida Kahlo. Sta scalza, tiene le finestre aperte anche se fa freddo, porta una maglietta leggera, senza maniche. In bagno c'è una vasca verde e al muro una foto di Molly che fa il bagno dentro la vasca verde. In soggiorno ci sono libri per terra, libri dappertutto. Alle pareti i bambini africani di quando viaggiava in Africa, «prima», e i disegni dei fiori e dell'orto botanico di quando ha curato le piante, «dopo».

Molly nelle cartoline di Natale, Molly con le amiche, Molly ovunque. Sorride moltissimo, Lesley. Sorride tutto il tempo anche quando le si inclina un angolo delle labbra e dice cose come: «Certo, sì che avrei abortito se l'avessi saputo. Ma no, non se avessi saputo che Molly era malata: se avessi saputo che sarei stata sempre da sola, che avrei fatto così tanta fatica, che viviamo in un mondo che non prevede l'errore e quando l'errore arriva devi arrangiarti, è un problema tuo, nessuno vuole saperne di bambini tanto fragili da essere destinati a morire, ma tutti siamo fragili da qualche parte, e destinati a morire, anche». Tiene sul tavolo l'edizione italiana del libro *The Time of Her Life*, lo pubblica Contrasto: *Il tempo di una vita*. «Prima che Molly nascesse pensavo che sarei riuscita a conciliare il lavoro con la maternità. Ci sono riuscita, ma non nel modo che avevo previsto. Non ho mai potuto allontanarmi da una bambina così fragile, sono stata fuori da sola cinque volte in quattordici anni, cinque giorni. Per il resto, cioè sempre, ero con lei, e non ho mai smesso di fotografare. Ho fotografato la vita quotidiana, la sua infanzia, i nostri viaggi, tutto. Ho decine di migliaia di foto ancora da sviluppare. Queste sono solo alcune, pochissime». Dal giorno della nascita a quello che di quattro giorni precede la morte, il tempo di una vita.

«Avevo trentaquattro anni, Molly era la mia prima figlia. Non ho avuto nessun sintomo durante la gravidanza, tutto bene, i tracciati, tutto a posto. Solo, tardava a nascere. Quarantaquattro settimane. I medici dicevano: "È a posto, prende il suo tempo". Quando è arrivato il momento non ho voluto anestesie, né stimolanti: è nata da sola. Gli amici mi hanno portato dei fiori e dei biscotti, abbiamo festeggiato. Dopo qualche giorno mi hanno detto che non sarebbe sopravvissuta. Aveva un'anomalia nella formazione dei muscoli, non l'hanno mai diagnosticata con esattezza. Mi hanno detto che non sarebbe uscita dall'ospedale. L'ho portata a casa, invece, e l'ho tenuta qui più di quattordici anni. La nostra vita non è stata tragica: è stata molto dura, ma bellissima. Molly è stata una bambina felice: privilegiata, dunque felice. Era brillante a scuola, si trovava molto a suo agio con gli altri, adorava mia madre, aveva delle amiche magnifiche e prendeva i suoi limiti con realismo e filosofia. A differenza di moltissimi bambini nella sua condizione ha avuto tutto ciò che le serviva per vivere serena. Non si è mai considerata malata. Solo nelle ultime settimane mi ha detto: "Ho un cervello che funziona in un corpo che non lo fa" e, sei giorni prima di morire: "Finora sono stata sana per tutta la vita". La tragedia non è la malattia, è che viviamo in un mondo che non è attrezzato per dare un supporto a chi non ce la fa: ho passato tanti anni a lottare per evitare che mia figlia, a causa della sua disabilità fisica, venisse emarginata. So esattamente di cosa parlo. C'è un tabù che riguarda l'invalidità, la morte e soprattutto la morte infantile: è come se fosse un pensiero da scacciare, qualcosa da nascondere. E invece la vita dura quel che dura, per tutti. Molly era così intelligente, brillante, ironica, era così consapevole dei suoi limiti e della sua fortuna. Ci sono milioni di bambini nel mondo che non hanno il privilegio di Molly e che giacciono abbandonati in qualche letto. Allora sì, non vale la pena che vivano. Parliamo di aborto, di eutanasia. Allora sì, se non ci sono le condizioni per far vivere dignitosamente queste persone, non bisogna farle nascere. Io rispetto tutte le religioni pur senza averne una. Rispetto cattolici, buddisti, ebrei. Però nessuna religione dovrebbe imporre la vita per la vita se non è in grado poi di renderla vivibile per il bambino e per gli altri, per tutti.»

Vento dalla finestra, un brivido di freddo. Lesley sorride e si scuote i capelli: «Vuole qualcosa da bere?». La cucina è grande, rosa e di legno. Altri libri, altre foto di Molly. Le somiglia moltissimo. «Quindi, anche adesso che so cosa è stata Molly per me, posso dirle con esattezza che sì: avrei abortito se avessi saputo, e abortirei adesso in un mondo così. Quando nascono bambini con problemi tanto gravi il 90 per cento delle coppie non resiste all'urto. I genitori si separano, anche io e suo padre ci siamo separati: è inevitabile, se per esempio si hanno idee diverse su cosa fare... Operarla e farla vivere negli ospedali attaccata alle macchine, o non operarla e aspettare che la morte la trovasse viva, a casa? "Salvare" le nostre vite adulte, o salvare la sua? Ecco, è difficile dimenticarsi di sé, proiettarsi in due, insieme, in un bambino che richiede ogni energia. Capita che si resti presto soli. E da soli, o si ha una famiglia alle spalle, una madre, una nonna, del denaro, le risorse per lasciare il lavoro e occuparsi solo di lei, la possibilità di farlo, oppure cosa? Dove sono, dopo, le associazioni per la vita, gli antiabortisti? E aggiungerò: Molly non ha mai sofferto il dolore fisico. Ha vissuto bene, sulla sua sedia ma bene. Se avesse sofferto e mi avesse chiesto di aiutarla a smettere di soffrire io l'avrei fatto. In linea di principio non vorrei veder morire nessun essere umano, ma certo che l'avrei fatto, l'avrei fatto per lei come se lo stessi facendo su di me. Quando ami qualcuno non è affatto difficile decidere, è facilissimo. La adoravo, e non avrei esitato.

«Quando Molly è morta ero così stanca. Pensavo che sarei morta anch'io. L'amore profondo è un'esperienza molto negativa. Può annullarti, portarti via da te. Però da quando è nata ho sempre avuto chiara la consapevolezza che un figlio è un essere separato, è un altro essere umano, non una parte di te. Molly ha visto morire mia madre, sua zia. Ha visto sparire le persone della vita quotidiana, ha imparato che succede, uno va e gli altri restano. Sapeva che sarebbe andata, un giorno, anche lei. Ho aspettato fino all'ultimo che mi chiedesse: "Mamma, sto morendo?". Le avrei detto: sì. Era così arrabbiata gli ultimi giorni, era infuriata all'idea di morire. Una volta la stavo girando per evitare che le venissero le piaghe, lei era insofferente con me. Le ho detto: "Amore, se potessi fare qualcosa la starei già facendo". Lei mi ha risposto: "Lo so, mamma" e poi ha aggiunto: "Sarei così contenta se potessi essere ancora me stessa anche solo per un momento". Così, eravamo pronte. Lo sapevamo. Però la domanda che aspettavo mi facesse non me l'ha fatta mai. È stata più saggia di me, e più generosa.»

«Dopo, per tre anni, ho lavorato come giardiniere. Sono scomparsa, ero diventata invisibile. Era fantastico stare fuori con la terra nelle mani, ascoltavo gli uccelli. Anche Molly era un uccello. Facevo un lavoro molto pesante e leggerissimo. Facevo sbocciare i fiori e pazienza per quell'amore finito, un amore così non finisce, certi amori non finiscono mai. Ti accompagnano e ti aiutano a potare un ramo secco, a sorridere a un germoglio. Tutto nasce e muore, tutto comincia a morire subito: con Molly è stato chiarissimo. Ho sempre sentito, anche nei momenti più felici, la presenza costante della loro e della sua mortalità. Poi un giorno, per caso, ho incontrato un fotografo. Abbiamo cominciato a parlare di foto. Non avrei mai pensato di mostrare le foto di mia figlia, in grandissima parte non le avevo nemmeno stampate. Mi pareva una storia personale, la nostra storia. Però poi ne ho mostrate alcune, timidamente, e le ho viste con gli occhi di un altro: è stato come vederle per la prima volta, ed erano bellissime. Intendo: Molly è bellissima. Oggettivamente: la sua vita è stata bellissima, non tutte lo sono altrettanto. Lui, il fotografo, mi ha detto: "Hai le immagini di una persona straordinaria, forte e fragile come ciascuno, la sua storia non è solo la vostra: è anche la nostra, è di tutti". Così le ho messe in fila, in ordine di tempo: credo che chi le guarda, prima di arrivare al punto in cui la sua invalidità risulta evidente, possa essersi affezionato alla persona contenuta in un involucro così delicato e fragile. Credo che nelle foto si veda una bambina che cresce e dopo, solo molto dopo, una bambina un po' diversa. Questo in effetti era Molly. Una bambina. Dopo, molto dopo, una bambina diversa.»

L'uomo che non dorme

L'uomo più desiderabile della terra è un cinquantacinquenne leggermente sovrappeso. Ha baffi biondi, occhiali leggeri, un tocco di precisione millimetrica e una resistenza fisica mai vista in natura. L'uomo più desiderabile della terra non dorme. Se lo fa, perché qualche volta di certo lo fa, non lo vede nessuno e non se ne ha notizia. Entra ed esce dalla sua stanza agli altri inaccessibile, si ferma fuori al massimo dieci minuti per un caffè, rientra. Mentre gli altri dormono, lui lavora. Lavora anche mentre gli altri lavorano, cioè di giorno. Nessuno lo ha mai sentito lamentarsi di una qualche forma di stanchezza, insofferenza, fatica per i fuori orario, insoddisfazione per le prestazioni altrui. Non si sente sottovalutato né sottopagato come la maggior parte delle persone al mondo. Non ritiene di essere sfruttato né di avere a che fare con colleghi insipienti. Non pensa che gli strumenti di lavoro a sua disposizione siano fatiscenti e inadatti, colpevoli della massima parte di eventuali insuccessi. Non si comporta come un cybernauta a cui abbiano dato in mano un aereo della Prima guerra mondiale, o se lo pensa non lo dà a vedere mai. Fa con quel che c'è, quando esce dalla stanza sorride perché quel che c'era gli è bastato. Nei rari momenti liberi dicono che scali pareti di roccia e che in mare sia capace di immersioni spettacolari. Di passaggio e di certo involontariamente seduce uomini e donne, in percentuale più donne: infermiere e caposala, ecografiste e anestesiste, bariste e segretarie di amministrazione, madri. Le madri tutte.

L'uomo più desiderabile della terra difatti fa il medico. Per la precisione il chirurgo infantile. Ha una nicchia d'intervento, una specializzazione si potrebbe dire, per un certo tipo di malattie congenite di solito «incompatibili con la vita». Opera neonati altrimenti destinati a non sopravvivere. Le madri che glieli affidano sono una comunità che nelle settimane, a volte mesi, di degenza in comune sviluppa dinamiche paragonabili solo, sia detto col massimo rispetto, a quelle di un harem. Convivono nelle panche dei corridoi assegnandosi a vicenda ruoli definiti dall'anzianità di confidenza con lui. Si procacciano reciprocamente del cibo. Si consigliano su come comportarsi coi capireparto gelosi, con gli aiutiprimario infidi, con le infermiere temibili. Si consolano, si rallegrano l'una dei successi dell'altra. Tutte lo adorano.

Può darsi che esista, che sia scientificamente censita una sindrome simile a quella di Stoccolma, il legame che a volte si crea tra la vittima e il suo carceriere. Questa è speculare e contraria: Lui non è chi ti sequestra, a meno che non si voglia considerare un sequestro la degenza. È colui che ti libera o promette di farlo. Prende tuo figlio, lo assoggetta al suo tocco, ai suoi ferri e – forse – te lo restituisce vivo. Ne diventa perciò il nuovo padre e siccome i veri padri, quei poveri uomini che vedi nei corridoi ingrigiti e affranti, in frangenti così drammatici molto spesso spariscono, ecco allora che Lui, l'uomo più desiderabile della terra, prende il loro posto. In tutti i sensi, qualche volta, lo prende.

Il mondo delle terapie intensive, depurato dal peso insostenibile della tragedia, è un mondo fantastico. Ci si muore, normalmente, e questo si sa. Se si tratta di neonati è del tutto inutile soffermarsi sullo strazio supplementare. Una pena senza nome, un dolore senza rimedio. Se si riuscisse però ad accantonare un momento la sofferenza biblica che lì si accumula – cosa che i medici, per esempio e per necessità, sanno in genere fare – si potrebbe osservare un universo di sentimenti primari. Come, in pericolo di vita del figlio, la figura del padre risulti sempre accessoria. Come si spartiscano i compiti: lui va in amministrazione, inoltra le richieste, va fuori a fare le fotocopie, a comprare il pigiama pulito. Lei parla con le infermiere e col chirurgo, cioè con Lui, sta fuori dalla porta della sala operatoria anche dodici ore senza muoversi e poi in stanza senza uscire, sempre. Va così anche quando non l'avresti detto prima. Anche quando sono coppie giovani e moderne, di quelle che si fa tutto insieme e ciascuno fa quel che fa l'altro. Si vedrebbe come una ragazza di ventidue anni che fino a ieri è stata soprattutto impegnata a decolorare i capelli e fare cyclette, una ragazza che è rimasta incinta per errore e che quasi quasi a quel figlio avrebbe anche rinunciato, si trasformi in una madre coraggio esemplare. Un archetipo di madre, una madre da tragedia greca, come nemmeno la tua bisnonna vedova che ha cresciuto nove figli da sola stretta nel suo vestito a lutto. Una ragazzina che col suo top a fiori e piercing all'ombelico in vista dice, del figlio cardiopatico, cerebroleso e down: «È una meraviglia di bambino. È il bambino che ho sempre desiderato, per quanto possa avere altri figli non ne avrò mai uno come lui». Ecco, le madri. Ci si diventa anche così: all'improvviso e non con il parto, con un errore della natura piuttosto. Con uno schiaffo, che in un secondo ristabilisce daccapo e una volta per tutte quello che conta e quello che no, ridisegna la gerarchia delle cose, definisce l'urgenza fondamentale, e tutto il resto che importanza ha. Poi però, siccome è un compito fuori portata – per molte, forse per tutte – a meno che non ci sia qualcuno accanto che rifornisca senza fermarsi mai di amore, di speranza e di fiducia, ecco che arriva Lui. L'uomo più desiderabile del mondo. «Nessuno fa le guardie come lui, mi devi credere.» «L'ho visto in sala operatoria per sedici ore, poi ha preso un caffè ed è rientrato.» «Ha battezzato mio figlio prima di operarlo, poi quando è uscito è venuto da me e sorridendo mi ha detto: "Un battesimo meraviglioso".» «Sono quattro giorni che non dorme.» Che uomo, che padre. Che sogno e che fortuna incontrare almeno una volta nella vita un alleato così. Peccato per la circostanza, ma si sa che la vita segue sentieri tortuosi e dunque va bene così.

Raccontami la notte in cui sono nato

Non puoi farlo da sola, non puoi farlo se non sei sposata. Molti si sposano apposta, allora. Si sposano per adottare: «Non è tremendo, guarda, è un momento. In fondo poi cosa cambia? Ti sposi e dopo contano anche tutti gli anni di convivenza, te li accettano: nel nostro caso sono dodici, un patrimonio. Bisogna metterlo a frutto no?». Nell'incredibile contabilità bancaria dei sentimenti alla quale le leggi ci hanno abituati funziona così: lo Stato occhiuto la convivenza «te la accetta», la condona in cambio dell'obolo richiesto: il rito ufficiale, la messa in regola. Gli anni insieme diventano un capitale da investire: quanto maggiore è l'anzianità aziendale della coppia tanto minore sarà l'attesa, che tanto comunque un paio d'anni di pratiche e viaggi bisogna metterli sempre nel conto, perciò conviene avvantaggiarsi. Dopo, quando hai superato tutti gli ostacoli previsti e quelli inimmaginabili che chi deve assegnarti un bambino ti mette davanti – perizie psicologiche individuali e di coppia, corsi di preparazione di gruppo nei giorni pari delle settimane dispari, appuntamenti improvvisi a Roma per il giorno dopo e pazienza se vivi a Udine e quella settimana per lavoro sei a Berlino, gente che viene a casa tua a vedere come vivi, se hai la domestica e chi ti stira le camicie, certificati di cui ignoravi l'esistenza da richiedere nel comune di nascita di tua madre, visite mediche, anche invasive in qualche caso, ogni quindici giorni – dopo sono fatti tuoi. Se adotti un figlio, come consigliavano caldamente di fare i sostenitori del fronte del no al recente referendum (se il figlio non potete farlo perché accanirvi? Adottatelo), dopo ti arrangi.

Quando la bambina di cinque anni arrivata dalla Russia rifà il letto molto meglio di te e ti spiega come tirare le lenzuola perché non facciano pieghe, quando se si brucia non piange e sei tu che strilli dicendo mamma mia cosa ti sei fatta, quando si sveglia e rimane muta nel letto senza chiamare nessuno, seduta zitta al buio come una statua: ti arrangi. Ti viene il magone. Al massimo, e solo se hai i mezzi, vai da uno psicologo, che ti consiglia di farle vedere Tarzan e *La gabbianella e il gatto*, storie di animali cresciuti da animali diversi, così la bimba si identifica e capisce che la sua storia è normale. A scuola morde? In bagno vomita? Perde il controllo e si nasconde quando piove, anche una pioggerellina leggerissima? Ti arrangi. Lo hai voluto, ora fai da te.

Federica ha quarantacinque anni, è snella, alta, bionda, disinvolta, colta, spiritosa: irresistibile a venti (dice con un sorriso di gioco che spiega ogni cosa), stupenda adesso. Prima di diventare qualche mese fa madre di Natalia ha fatto della vita tutto ciò che ha voluto. «Gli amici a volte mi dicono che l'ho bevuta come fosse un cocktail, senza risparmiare nessuno, che ho lasciato indietro molte vittime, ma non è così. Almeno a me non sembra. Ho camminato diritto e a volte ho corso, sì, ma ho anche molto sofferto. Per amore, certo, e non solo per quello. Mi mancano le persone che ho lasciato per strada, gli incontri che ho consumato in un attimo, le occasioni di partire e ripartire daccapo che ho ignorato come se la giovinezza dovesse durare in eterno. Soprattutto mi manco io: mi manco com'ero allora, lo sguardo che avevo sulle cose, il modo in cui vedevo le persone, e quella passione con vuoto a perdere, sempre. Mi sembra di aver vissuto cent'anni e, insieme, di essere una ragazzina. Non percepisco il passaggio di età, non ancora. Non sono stanca, non sono debole, non mi vedo diversa da dieci anni fa. Non in modo radicale, intendo. Ovviamente per molti anni mi è mancato un figlio, ma non ha senso parlarne proprio adesso che è arrivato. Sono stati gli anni più taglienti, sono contenta che siano finiti.» Da qualche settimana frequenta con sentimenti alterni i seminari del gruppo di genitori adottivi della sua città. «So di doverci andare e dopo esserci stata mi sento meglio, ma alla vigilia, ogni volta, faccio una resistenza pazzesca. Li prendo in giro, imito tutte le vocette e i tic dei genitori della comunità. Per me che ho sempre fatto da sola è un'esperienza nuova questa del gruppo che si siede in tondo e mette in circolo i dubbi, gli errori, le esitazioni, le paure. L'avevo visto nei film americani, se ne sentiva parlare come degli alcolisti anonimi, dei *weight watchers*. Quasi delle sette, una roba da ridere, per gente come noi. Poi ci entri e capisci che c'è un modo collettivo di sentirsi diversi che lenisce la pena: sono minoranze in difficoltà, insieme va meglio. È strano. Serve, credo. Mi pare che serva, ma è faticoso.» Delle gravidanze dei decenni trascorsi non ha molto da dire. «Passato remoto. Te le sogni per anni la notte, incubi orrendi, poi capisci che non ha senso stare sempre con la testa all'indietro. Basta, a un certo punto. Non era il momento, non erano gli uomini giusti. Succede che hai vent'anni e quel figlio non lo vuoi perché non puoi permettertelo, non hai finito di studiare, non hai nemmeno un lavoro. Pensi: adesso no, più avanti.

Succede che a venticinque torni da una vacanza, hai fatto un errore e non sapresti dire con esattezza nemmeno con chi. Pensi: è da pazzi, così. Succede a trenta con un amore all'epilogo e dici no, non mi lascio incastrare in una vita infelice. Poi è un attimo, e ne hai quaranta.»

Alla vigilia dei quaranta – accompagnata a prendere il treno la mattina presto dal compagno finalmente maturo, premuroso, solido e ormai di lunga durata – Federica ha iniziato a fare analisi e tentativi di facilitare una gravidanza: in treno, in una città diversa dalla sua. «Sono andata a Bologna perché avevo un vecchio amico che lavorava in quel centro. E poi anche perché non mi andava di farlo a casa. Tutti ti conoscono, incontri sempre qualcuno che ti dice frasi compassionevoli con quella faccia lì. Non mi andava di essere commiserata, né riconosciuta. Forse un po' avevo anche vergogna. Comunque era una cosa che preferivo fare da sola.» La sequenza dei tentativi è nota: prima lievi, poi più pesanti, poi pesantissimi, con ricovero e giorni a riposo. «Nel mio centro c'era un primario molto bravo che mi ha seguita nei tre tentativi di inseminazione. Quattro anni, contando le pause. Fisicamente ero ridotta uno schifo, psicologicamente un disastro: restare incinta diventa un'ossessione, non esiste più altro pensiero. La vita insieme si trasforma in una serie circolare di "fasi", prelievi, risultati, attese, sconforti e via daccapo. A cena parli di funzioni intime del tuo corpo che per tutta la vita avevi ignorato: funzioni recondite, segrete. Usi con disinvoltura termini clinici di sette sillabe. Visto da fuori hai quell'atteggiamento patetico del "profano informato". Se anche le due persone che stanno lì a condire l'insalata e parlare di endometrio avessero una residua possibilità di concepire un figlio, io credo che svanisca così, affogata dai fogli delle analisi sparsi sul tavolo e "spostalo di lì se no si unge". Il medico, che poi è diventato un amico, era d'accordo con me: i figli nascono quando uno non ci pensa, spesso quando non li vuole. Poi ricominciano a nascere quando uno smette di pensarci, se non è troppo tardi. Mi raccontava di queste donne che vanno da lui, belle donne di quarantadue, anche quarantaquattro anni: professioniste affermate, attrici desiderate, giornaliste in cima alle classifiche di popolarità. "Può venire con suo marito, signora?" chiedeva lui. "Posso provare, ma sa, lui torna solo il fine settimana, lavora all'estero, io durante il weekend sono fuori. Bisogna che ci mettiamo d'accordo." Certo, bisogna mettersi d'accordo, rideva il medico e ridevo anch'io: in effetti bisognerebbe incontrarsi ogni tanto per fare un bambino.»

Poi i viaggi a Bologna sono finiti. «Basta. A un certo punto abbiamo detto basta così, è un miracolo se stiamo ancora insieme. Siamo partiti per una vacanza. Ogni tanto uno dei due diceva: "Lo adotteremo", ma non era un progetto, era un modo per farci coraggio e andare oltre. Quando ci siamo messi lì a pensarci sul serio la remora era diventata proprio questa: non volevamo che l'adozione fosse un ripiego. Soprattutto ero io ad arrovellarmi: posso ancora fare in modo che sia una scelta libera? Posso riuscire a desiderarlo senza pensare che sto passando dalla porta di servizio? L'avrei fatto comunque, anche se avessi avuto un figlio con la pancia? Ci ho messo un anno a convincermi. Nel frattempo ci siamo sposati.»

Adesso la casa è invasa di giochi. Sembra che ci vivano sei bambini, non una. Ogni angolo è stato occupato. La stanza di Natalia è un castello delle fate, nel bagno c'è un carrello da supermarket in miniatura. «Bisogna stare attenti a non esagerare, lo so. Mi dicono: "Stai attenta che la vizi". Però vede: lei non piange mai, non chiede mai niente. Non è giusto, capisce? Non è una bambina buona, è un'adulta in miniatura che non ha avuto infanzia. Io vorrei che piangesse, che facesse i capricci. Vorrei che si consentisse di essere bambina. Che non si rifacesse il letto qualche volta e che lasciasse in disordine. Che la sua prima preoccupazione quando si taglia non fosse quella di aver sporcato di sangue in terra. Ci vorrà tempo, è un lavoro lungo. La settimana scorsa mentre le facevo il bagno mi ha chiesto perché io non l'ho tenuta nella pancia e allora la sua vera mamma chi è. Le ho detto che ne ha due: una mamma di pancia e una mamma di cuore, come dice quel libro. Mi si piegavano le ginocchia, intanto. Non sapevo come fare a uscire dal bagno, però poi i libri aiutano. L'ho portata in camera sua, l'ho vestita e ci siamo messe a leggere una storia che avevo tenuto da parte per questo momento. S'intitola *Raccontami ancora la notte che sono nato*. Se vuole gliela faccio vedere. La avverto che fa piangere. L'avrò letta duecento volte, da mercoledì scorso: me la chiede in continuazione e quando arrivo all'ultima pagina mi si rompe sempre la voce. Eccolo, guardi.»

È scritto in inglese («L'ho comprato in uno dei viaggi»), l'autrice è Jamie Lee Curtis, proprio lei. L'attrice di *Un pesce di nome Wanda*, c'è la sua foto dietro. Disegni magnifici, allegri e pieni di umorismo, di Laura Cornell. Comincia così, è il bambino che parla: «Raccontami ancora la notte che sono nato. Raccontami ancora che tu e papà stavate dormendo rannicchiati nel letto come cucchiai e che papà russava. Raccontami ancora che è suonato il telefono nel mezzo della notte e vi hanno detto che ero nato. Raccontami di come ti sei messa a gridare. Raccontami ancora di quando hai chiamato i nonni mentre ti vestivi ma loro non hanno sentito il telefono perché dormivano come ghiri». I nonni che dormono come ghiri, nel disegno, e una dentiera nel bicchiere sul comodino. «Raccontami ancora di quando avete preso l'aereo con il mio orso di pezza, raccontami di come tu non potevi fare un figlio con la tua pancia e un'altra donna mi ha fatto con la sua ma era troppo giovane per prendersi cura di me, raccontami ancora di quando mi avete visto, che tu e papà vi tenevate per mano e non potevate credere che una cosa così piccola vi facesse ridere così tanto. Raccontami ancora della prima volta che mi hai preso in braccio e mi hai detto amore, di come piangevi di felicità, raccontami come al ritorno mi tenevate in braccio come se fossi una bambola di porcellana e all'aeroporto vi allontanavate da tutti quelli che tossivano.» No global e suore in coda, nel disegno dell'aeroporto. «Raccontami ancora della prima sera che sei stata mia madre e mi hai cantato la canzone che ti cantava tua madre. Raccontami di quando mi hai messo nel letto. Dai, mamma: racconta un'altra volta da capo la notte che io sono nato.» È così, dice Francesca. Non è difficile da spiegare. La mia pancia era rotta e io soffrivo per questo. La tua mamma non poteva tenerti e tu soffrivi per quello. Abbiamo messo insieme i nostri dolori per provare a farne una felicità: alla pari. «Io credevo che fosse sbagliato dire a un bambino: "Ho sofferto e adesso ci sei tu che mi aiuti". Pensavo che i genitori dovessero fare il contrario: aiutare i figli, risolvere i loro problemi e non mostrarsi deboli mai. Però invece no, vedi quanti errori si fanno. Quando mi viene da piangere mentre le leggo questa storia, sento che lei mi stringe un po', se ne accorge benissimo, e poi quando il libro finisce mi dice: "Ancora. Ricomincia, leggilo ancora".»

A scuola con Alice

La maestra ha convocato una riunione coi genitori per giovedì prossimo, dopo l'uscita da scuola, perché i bambini della classe tormentano Alice che ha due mamme e nemmeno un papà. La tormentano con la crudeltà dei bimbi: le lasciano biglietti sotto il banco, la prendono in giro a ricreazione, una ragazzina le ha appiccicato un chewing gum nei capelli fingendo di volerla abbracciare, nessuno gioca con lei quando si dividono in gruppi in giardino: maschi contro femmine e Alice da sola. Non la tormentano perché ha due mamme, evidentemente: sono bambini di nove anni e non si informano sullo stato di famiglia dei compagni. La isolano perché Alice è «strana», dicono i figli alle madri quando loro – le madri – li strattonano per una manica del giubbotto e li portano via chiedendo questa volta cosa hai fatto. È silenziosa e a volte ombrosa, si offende facilmente e scoppia spesso a piangere, chiede sempre di andare in bagno e rimane per delle mezz'ore fuori in corridoio. Non ha voluto partecipare al campo scuola insieme agli altri, a volte in classe butta a terra gli astucci dei compagni e poi non parla più con nessuno. La psicologa assegnata all'istituto è venuta un paio di volte e ha concluso che l'origine del suo comportamento «potrebbe essere un disagio familiare». Non una diagnosi folgorante, d'altra parte per capire ci vorrebbe più attenzione e più tempo: potrebbe essere, ma anche no.

La maestra comunque ha convocato la riunione il cui oggetto dice: «Discussione sulle ripercussioni scolastiche delle situazioni familiari degli alunni pur nel rispetto delle leggi sulla privacy». La privacy in una comunità di ventidue bambini i cui genitori si incontrano due volte al giorno fuori da scuola non esiste: tutti sanno che Tommaso porta il cognome della mamma e che il padre non si è visto mai, che Lorenzo è in affidamento congiunto ai genitori separati i quali spesso sbagliano il calendario delle «riprese da scuola» e si presentano entrambi all'uscita, poi cominciano a chiedere al bimbo con chi vuole andare: «Guarda Lorenzo che per noi è lo stesso, decidi tu». Lui in genere chiede di andare da un amico. Tutti sanno che i genitori di Tobias vivono in appartamenti diversi: Tobias ha due case, due stanze con due pigiami uguali e, meraviglia citatissima, due collezioni di carte Magic. Tutti naturalmente sanno anche che Alice ha «una mamma e una zia» – dice lei – che non sono affatto sorelle, vivono insieme e un padre non c'è. L'oggetto della riunione di giovedì è delicatissimo, dunque: una vera incursione nell'intimità familiare da parte di una comunità piuttosto provata sul fronte della tenuta della famiglia tradizionale, eppure non ancora padrona della nuova grammatica.

Alla riunione arrivano tutti. I coniugi eleganti e sempre in coppia, l'attrice di teatro off e il suo compagno musicista, la commercialista e suo marito medico, il leader dell'associazione «No agli sfratti», il pediatra, l'architetta con gli anfibi, la supermamma di quattro figlie femmine tutte inserite in diverse classi della scuola, lei eletta nel consiglio d'istituto. Il giovane filippino che fa il portiere nel palazzo di fronte alla scuola, la proprietaria del gippone madre di mini calciatore romanista – è suo il Suv verde oliva che blocca il passaggio dell'autobus ogni giorno. Ci sono le madri di Alice, naturalmente, che lavorano nel cinema e perciò – esordisce la maestra – «sono spesso fuori per lavoro cosa che forse la bambina soffre». La discussione prende subito una piega fastidiosa: un gruppo – di cui a sorpresa fa parte anche il leader dei senza casa – si sente in dovere di consigliare «maggior presenza dei genitori al fianco della bambina che già deve fare i conti col fatto di avere una famiglia diversa». Consigliano una psicoterapia «che potrebbe aiutarla a superare l'assenza del padre». Una delle madri separate osserva che l'assenza del padre non è detto che sia un danno, dipende il padre com'è. Si forma attorno a lei un gruppo solidale. L'architetta tra questi. Protesta che a scuola «si deve discutere di problemi scolastici» e che queste interferenze delle famiglie sono assurde e dannose: la scuola faccia la scuola e la famiglia faccia la famiglia, sono proprio ambiti diversi. Se la prende con l'assaggiatrice di cibi della mensa, paradigma a suo dire della nociva confusione degli ambiti. L'assaggiatrice è in effetti una figura di madre ossessiva e colpevolizzante: si è candidata ed è stata eletta dalla comunità dei parenti al ruolo di arbitro quotidiano della consistenza delle cotolette.

Le mamme di Alice, in principio molto a disagio, sposano con energia la tesi della divisione dei compiti: la scuola faccia la scuola, certo, non è che i decreti delegati abbiano prodotto solo meraviglie, la famiglia si può affacciare se serve ma è un luogo diverso ed è giusto che resti separato, perché non parliamo per esempio di quello che succede in classe, allora: del fatto che qualcuno attacca il chewing gum sui capelli di qualcun altro senza che ci sia mai un maestro che interviene. Di quel bambino tenuto appeso per i piedi fuori dalla finestra del primo piano da un compagno di classe «un po' agitato». Di quello che si è ferito e non c'era un medico disponibile, quel giorno, e l'ha dovuto portare la bidella con la sua macchina al pronto soccorso. Mestamente la discussione ripiega sulla carenza di carta igienica. La mamma del gippone trova che davvero almeno lo scottex e la carta da bagno la scuola elementare li dovrebbe fornire, e comunque se proprio ci si deve tassare allora magari compriamo anche un registratore così si possono usare le cassette di inglese. Il maestro d'inglese annuisce, aggiunge che con un registratore sarebbe tutto tanto più facile. Il ragazzo filippino propone di far fare la ginnastica ai bambini nel giardino di fronte alla scuola anziché sull'asfalto del cortile che lì si sbucciano sempre le ginocchia. La maestra spiega che non si può uscire dall'edificio durante le ore di lezione, dunque niente giardino pubblico: asfalto. Arriva la psicologa molto in ritardo: deve dividere il suo monte ore fra quattro elementari diverse, si scusa, non ce l'ha fatta a far prima e ormai è anche finito il suo orario ma è venuta lo stesso «perché ha molto a cuore il caso».

È tardi però. La discussione sul caso è aggiornata alla settimana successiva a quella del «mercatino della solidarietà», cioè fra tre settimane. La rappresentante di classe riscuote da ciascuno i cinque euro di fondo cassa e mette ai voti: volete che i proventi del mercatino vadano per l'adozione a distanza del progetto Ghana o per la costruzione di un asilo per i bambini colpiti dallo tsunami? «Per il mangianastri no?» chiede un padre dal fondo, tre o quattro si voltano e lo guardano male, qualcuno ride. Vince il progetto Ghana. Il mese prossimo «facciamo il punto rispetto alla questione esaminata oggi» promette la maestra. Il mese prossimo è maggio. Per quest'anno di certo non se ne parla più.

Pippi, la bambina senza mamma

«Do you know Pippi Longstocking?» dicono le copertine gialle esposte in libreria, le locandine al Teatro dell'Opera, le scritte sul fianco delle navi al porto di Stoccolma. Ecco, la conoscete? Che peccato se vi manca: cosa vi siete persi. Sareste persone diverse se foste cresciuti con lei: donne e uomini diversi, verrebbe da dire migliori. Non è una storia per bambini, questa. È una storia per adulti che si affannano a cercare un mondo più giusto, più libero, per tutti uguale: uomini e donne, grandi e piccoli, indigeni e ospiti. È una storia per tutti quelli che credono che si possa fare di meglio. Bisogna tornare piccoli per diventare grandi. Ricominciare dalle favole, sul serio. È proprio inutile rompersi la testa a studiare le carte dei ministeri per capire il segreto del «modello svedese». Non serve a niente finanziare commissioni di esperti dell'Unione europea che stiano mesi a produrre diagrammi su quanto sono bravi in questo posto a vivere meglio di noi anzi meglio di tutti, niente povertà niente conflitti: tanto le tabelle non spiegano. Bisogna prendere un fine settimana libero, invece, e andare a Vimmerby.

Trecento chilometri di boschi da Stoccolma, case storte di legno. Migliaia di bambini al parco di Pippi. Bimbe con la parrucca di capelli rossi e anche senza, tanto ce li hanno di natura, mezze nude col freddo che fa e con le gote rosse, le scarpe troppo grandi, i vestiti sghembi, ragazzini che si issano aiutandosi uno con l'altro a salire in groppa a un cavallo di cartapesta alto due metri, che salgono incertissime scale a pioli e restano lassù, a cavalcioni sul tetto. Pensi ai nostri parchi giochi nei giardini: allo scivolo c'è sempre un adulto che regge suo figlio, stai attento. Non ti sporcare, non ti fare male, lascia passare l'altro bambino. Pensi a quante madri italiane lascerebbero un figlio a cavallo sul tetto di una casa senza rincorrerlo gridandogli scendi subito.

La questione è questa. Mentre noi avevamo Pinocchio loro avevano Pippi. Noi abbiamo imparato a tre anni che se dici le bugie ti cresce il naso, se non vai a scuola ti vengono le orecchie di un asino, se ti comporti male ti succedono cose terribili ma è per colpa tua. Colpa, sì: allora ti devi pentire. Devi espiare, essere buono e torni bambino. Buono, composto, pentito uguale bambino. Loro: Pippi Calzelunghe. Che vive da sola, «non ha né mamma né papà, e va bene così perché non c'è nessuno che le dice che deve andare a letto proprio quando sta cominciando a divertirsi». Che mangia sdraiata sul tavolo col piatto sulla sedia e nessuno le spiega che deve stare composta. Che dorme alla rovescia coi piedi sul cuscino «perché preferisce». Che non ha genitori né maestri, nessun adulto, non uno straccio di educatore, non un preside o uno psicologo di appoggio. Pippi non va a scuola, vive da sola a Villa Villacolle che sta in piedi per miracolo e a vederla da fuori diresti che è una casa abbandonata. Invece no: dentro ci sta lei che ha nove anni, ci abita con un cavallo e con una scimmia, il signor Nelson: proprio dentro casa, il cavallo e la scimmia. Si cucina da sola, si veste da sola con una calza verde e una gialla, con le scarpe troppo grandi tanto nessuno le dice cosa è «troppo». Pippi che è libera, autosufficiente, indipendente, forte, completamente autonoma, generosa, saggia della saggezza formidabile e assurda che hanno i bambini prima che qualcuno gli spieghi che sbagliano, che così non si fa, la regola è un'altra. Pippi che è ricca perché suo padre marinaio (pirata? forse) le ha lasciato un forziere di dobloni, è forte da sconfiggere i tori, i serpenti, i ladri, la polizia e i fantasmi in soffitta: i fantasmi li convince, ci parla. Pippi che è bellissima anche con le lentiggini e il naso a patata, le trecce all'insù mica il caschetto di capelli biondi con la riga. Pippi, che è felice.

Poi uno dice: perché in Svezia le donne sono il 50 per cento in Parlamento, stanno a casa diciotto mesi quando fanno un figlio, perché lavorano più degli uomini, non conoscono la disoccupazione e mandano avanti l'economia. Perché le trovi fuori la sera a gruppi di sei anche se è buio pesto e sono alla guida delle aziende, perché la polizia se trova un cliente con una prostituta manda in galera il cliente. Le buone leggi, certo. Il welfare perfetto. Non sarà mica per Pippi. Non solo, di certo: però aiuta. Intanto loro da piccoli sono cresciuti con quel modello lì. I danesi con la Piccola Fiammiferaia e la fatalità del destino cupo da sopportare com'è, con le vesti nere di Andersen. I francesi con Asterix il gallico imbattibile e protervo, noi con Pinocchio. Loro con Pippi Calzelunghe.

Ora Pippi ha sessant'anni. C'è da non crederci, ma è così. Il libro è uscito nel 1945, mentre qui finiva la guerra e le donne stavano a casa a cercare il pane fra le macerie. Le celebrazioni, in Svezia, fanno segnare una leggerissima impennata del mito perpetuo a cui non servono ricorrenze per rinnovarsi. Un nuovo balletto della Royal Opera, *Pippi Långstrump*, due settimane in cartellone fra settembre e ottobre, tutto esaurito da mesi. Una speciale edizione del premio annuale a lei dedicato. La ristampa delle edizioni in arabo e in serbocroato, e nelle altre sessanta lingue in cui è tradotto. Per il resto: ogni mattina alle dieci in punto la fila dei passeggini di fronte allo Junibacken aspetta l'apertura della «casa dei giochi» come ogni giorno dell'anno, tutto l'anno.

Lo Junibacken è la casa-teatro-parco giochi dei bimbi di Stoccolma. Per chi sa perdersi nelle favole è uno dei posti più belli che ci siano. Lo ha voluto Astrid Lindgren, la scrittrice che ha inventato la favola di Pippi, ma siccome le sembrava esagerato che fosse dedicato solo a lei ha voluto che ci fossero dentro tutte le storie, anche tutte le altre. La vecchia signora è morta a novantacinque anni nel 2002. Nel giardino del parco c'è la sua statua: una vecchietta seduta che sorride. Quando scrisse Pippi era una giovane madre. La figlia Katrin, ammalata di polmonite, voleva che le raccontasse una storia. La polmonite è una faccenda seria a certe latitudini, Cartesio ne morì proprio qui a Stoccolma, quando la regina Cristina lo chiamò a corte a darle lezioni di filosofia. Così per settimane Astrid raccontò la storia di Pippi a Katrin malata. Quando decise di trascriverla e mandarla a un editore, Bonniers, il più importante di Svezia, naturalmente la rifiutò. Lei non si perse d'animo e qualche anno dopo mandò il racconto ai giurati di un premio: arrivò seconda, della vincitrice nessuno ricorda il nome.

Allo Junibacken, casa col tetto spiovente appoggiata sulle rive dell'isola che guarda il palazzo reale, i bambini tolgono la cuffia, i paraorecchie, i guanti e salgono sul trenino che li porta dentro le fiabe: la voce che racconta è quella di Astrid Lindgren. C'è Emil il terribile, il ragazzino protagonista di un'altra popolare serie della scrittrice:

una specie di Pippi maschio, un bimbetto che per divertirsi issa la sorella sul pennone di una bandiera. C'è la figlia del brigante, il drago e il topo gigante, i bambini rimpiccioliti che entrano in una tazza. Poi c'è Villa Villacolle: ricostruita a grandezza naturale, tutta sghemba, di legno, con la cucina e il bagno minuscolo, il cavallo, la scimmia. Ci sono Tommy e Annika, i ragazzini per bene. Annika, che ha il caschetto di capelli biondi con la divisa da una parte, è il prototipo della bambina beneducata dell'epoca: nella storia sua madre non vuole che frequenti Pippi. Pippi è una pessima compagnia, il suo contrario esatto, la disperazione dei benpensanti del paese, l'anarchia fatta bambina. Ancora oggi in Svezia per dire non essere noiosa si dice: «Non fare Annika».

Pippi si chiama Pippilotta Viktoradria Rullgardina Krysmynta Efraimsdotter Långstrump, in italiano Pippinella Pesanella Tapparella Succiamenta. Di sicuro il nome se lo è dato da sola. È bellissima ma non della bellezza convenzionale: ama le sue lentiggini, le stesse che in quell'epoca erano un difetto da nascondere sotto la cipria. Vuole diventare un pirata e raggiungere un giorno suo padre, il capitano, scomparso in mare: di certo è approdato in un isola di cannibali ed è diventato il re, dice Pippi, gira con la corona in testa e quando lo troverà lei sarà principessa. Sua madre è un angelo che la guarda col cannocchiale da un buco nelle nuvole, «sono una bambina fortunatissima, chi altri ha per madre un angelo e per padre il re dei cannibali?». È forte da portare in braccio il suo cavallo ma non è una superwoman, perché è buffa. Fa ridere, incanta. Alla fine degli anni Sessanta arrivò anche in Italia il film della regista Olle Hellbom (donna, ovvio). Il ritornello della sigla diceva: «Pippi Pippi Pippi, che nome fa un po' ridere, ma voi riderete per quello che farò». La ragazzina di quel film, che ebbe un successo planetario, si chiama Inger Nilsson e ha oggi quarantasei anni: non ha avuto fortuna nel cinema, fa ancora l'attrice di teatro in provincia, ha avuto serie difficoltà economiche: «A volte vorrei che la gente si dimenticasse di me come Pippi e invece tutti credono che io sia lei, vogliono da me cose eccezionali e spiritose. L'unica che avrebbe potuto chiamarmi Pippi era Astrid, ma non l'ha fatto mai: sapeva che non lo ero».

Non lo era, Pippi non è un personaggio tv. Non sarebbe mai stata una Lara Croft, non può trasformarsi in un videogioco né in un cartone animato. Pippi bisogna immaginarsela: è un disegno sulle pagine di un libro, sono parole che corrono, Pippi è dentro ogni bambino che ascolta la storia, dentro ogni bambina. Pippi sei tu. Poi hanno scritto centinaia di saggi: il modello svedese della ribellione, il femminismo ante litteram. La prima pietra del pensiero di genere, la pacifista, l'avventuriera, l'antiautoritaria. Certe organizzazioni di genitori e certi educatori l'hanno condannata. «Un modello mediocre di subcultura» disse il professor Landquist, all'epoca celebre studioso. I Paesi conservatori e le dittature hanno censurato la novella: anarchica, rivoluzionaria, comunista. In effetti Pippi Calzelunghe, che fa da sé e non ha bisogno di nessuno, incanta i bambini e spaventa gli adulti. Ancora oggi, sessant'anni dopo, li spaventa un po'. Non gli svedesi, certo, i cui figli salgono sui tetti. Più a sud, dalle nostre parti. Perché cammina sul filo del circo e va da sola a pulire il camino. Dorme con una scimmia (la scimmia nel verso giusto, coi piedi al posto dei piedi: la scimmia sì che sta composta), per lavarsi i capelli infila la testa in un secchio di acqua gelata, per pulire i pavimenti lega due spazzole ai piedi e ci pattina sopra, spacca la legna con l'ascia cinque ceppi alla volta, invita gli amici a casa a fare il gioco del «si cammina senza toccare il pavimento»: sui tavoli sulle credenze, attaccati ai lampadari. «Sono una trovacose» dice di sé. Cosa? «Una trovacose. Il mondo è pieno di cose che aspettano di essere trovate. Io faccio questo.» Senza paura, con la fortuna degli audaci, la generosità dei puri, l'allegria degli innocenti, la malinconia dei saggi. Trova cose e le regala, così alla fine non è mai sola: è sempre piena di quello che ha trovato e regalato. Dei suoi ricordi, dei suoi progetti: due cose che non finiscono mai.

Una madre lo sa

Non sono mostri le madri che uccidono i loro figli. Mostri sono gli altri: le vicine che fino al giorno prima ti invitano alle festicciole, i mariti che escono senza vedere e tornano senza ascoltare, le amiche che passano a salutare e hanno fretta di ripartire, i medici che dicono è tutto nella norma signora prenda una tisana prima di andare a dormire sono trecento euro grazie. Le cognate e le suocere che ti chiedono delle tende nuove, le sorelle al telefono, ciao, ci sentiamo presto. Quelli che chiami la notte perché stai male e ti dicono ripassi domattina, quelli che la mattina dopo dicono alle tv non ci posso credere l'ho vista proprio ieri stava bene era contenta ma come è stato possibile.

Ecco, questi sono i mostri. Quelli con l'aspetto delle persone normali che non mentono, non dirottano le loro vite, non escono mai di strada, quelli che in carcere non li trovi mai. Gente ragionevole e quieta, serena e cortese, gente rassicurante che galleggia sulla superficie delle cose opache e non scende mai a vedere sotto: sotto è torbido e fa paura. Tutto bene? Certo, sì, tutto bene. Allora vado, ci si sente. E così resti da sola con quella cosa minuscola che piange e non capisci perché, che deve mangiare e poi essere lavata e poi vestita e poi deve mangiare di nuovo non sono passate nemmeno due ore e intanto strilla perché forse sta male ma il pediatra ha detto no sta benissimo, e non c'è nessuno a cui lasciarla in braccio un momento e le pareti della casa ti vengono addosso e ci sono i piatti sporchi da lavare, i panni da stirare nella cesta, la televisione accesa dice: «Buongiorno! Avete mai pensato a una vacanza in Turchia?». La casa ha un odore cattivo di cose che marciscono e però non c'è un fuori per te, c'è solo un dentro. Che meraviglia un neonato, ti dicono. E tu sorridi e a volte dici: non mi sento tanto bene. Allora ti guardano comprensivi, ti dicono: passa, è una fase. Così prendi la macchina e vai dal medico, torni a casa con un foglietto che dice: trenta gocce prima dei pasti. E l'uomo che vive con te torna la sera ed è stanco, non ti vede, non vede, sei gonfia e grassa ma non importa, c'è il bambino adesso no? Di cosa ti lamenti, passerà.

Ecco, è così. Certo, non per tutte arriva quel buio assoluto, quel furore suicida che ti fa spingere il bambino sott'acqua o colpirlo con un sasso, o buttarlo nel lago. Suicida, perché uccidere un figlio è come uccidersi senza morire, è peggio che uccidersi: è come restare vive da morte, sopravvivere alla morte che almeno è una fine, rimorire ogni giorno. Così vivi, dopo: senza parlare e senza mangiare, avvolta nelle coperte di una cella ma tanto quel freddo non passa. Oppure cancelli, anche questo succede, ti convinci che non è successo mai, non è successo a te, non sei stata tu è stato un altro, è un errore. Non succede a tutte le madri: succede a pochissime. Ma tutte, se cercano bene, sanno di cosa si tratta. Più di tutto le madri sole: quelle che non avevano nessuno accanto nella paura della sala parto né della casa vuota, dopo, o sole perché qualcuno c'era ma era come se no. «Non è mai troppa la pietà» ha detto il prete a un funerale recente. La pietà però arriva dopo. Non è mai troppo l'amore prima, piuttosto.

Maman blues.
Le parole degli altri

Poi ci sono gli uomini. Certo che ci sono. Sono lì che guardano, certe volte vedono. Quelli più bravi a maneggiare il dolore, che per decreto biblico è una faccenda soprattutto femminile, quando vedono arrivare l'onda la riconoscono da lontano: hanno alla fine imparato a navigarci dentro. Ne ho conosciuti tanti, gente famosa e gente qualunque, con quello sguardo lì, uno sguardo che non si può confondere: gli occhi di chi ha visto oltre il muro e invece di tornare indietro, al riparo, lo ha scavalcato e ha passeggiato di là.

È un uomo l'ideatore dei «maman blues» francesi, le cliniche dove si cura la tristezza delle madri. Dice che la sopraffazione che sommerge certe donne dopo la nascita dei figli non è un «problema loro», delle madri: è un problema nostro. Dice che tutte le madri hanno momenti così, anche quelle che non li riconoscono. Dice che non c'è bisogno di scomodare Medea per sapere che il silenzio su quel che è sempre esistito è un tabù formidabile ma recente, relativamente recente se paragonato al tempo dell'umanità: si conta in secoli. Dice infine che se un giorno se ne potesse parlare con più libertà, con meno pregiudizi e moralismi; se chi aspetta un figlio fosse avvertito di quel che lo aspetta; se la gente attorno fosse attrezzata a capire, ad accogliere, a proteggere: ecco, forse qualche voragine si potrebbe evitare. Forse, certo. Non c'è per il momento controprova. È questo – la controprova – quel che lui cerca nelle sue cliniche della tristezza.

Ho conosciuto un ragazzo di ventiquattro anni, uno studente di Lettere: prepara una tesi sulle carte inedite di Sereni. Figlio unico, vive ancora coi suoi. Sta in una periferia del Nordest, abita in una bella casa ordinata col giardino, il videocitofono e il garage con la porta che si aziona a distanza. Quando ci siamo incontrati, a pochi isolati da casa sua, c'erano ancora i giornalisti attorno al luogo del delitto: un bambino di tre mesi annegato nella vasca da bagno, la madre sola in casa con lui. È di questo che vuole parlare: di sua madre. «Io ho sempre avuto paura per lei: di farle male, di esserle di peso. Mi facevano paura i suoi giorni stesa sul letto al buio, le premure tristi di mio padre, i loro silenzi. Ho pensato, crescendo, forse più che altro ho temuto, che la colpa fosse mia: ero stato io a romperla, ero io che non dovevo esserci. Sono diventato grande credendo questo: che mia madre non mi avesse voluto. Ho immaginato un segreto dietro quei silenzi. Forse non ero figlio di mio padre. Forse c'era stata una violenza. Forse avevo un gemello morto: non si possono contare le fantasie che porta ogni notte. Forse mia madre aveva tentato di disfarsi di me, e dunque era stata curata e ricoverata e poi, per tutta la mia infanzia, guardata a vista. È stato questo? È per questo che mio padre è così spento, lei così lontana? Nessuno mi ha mai detto niente e non ho mai avuto il coraggio di chiedere, ma io lo so che non dovevo esserci, che se non ci fossi stato lei non si sarebbe ammalata. È una tristezza senza rimedio, per me.»

Un giorno mi ha cercata un anziano signore. Sono un giudice in pensione, si è presentato, sono un nonno. I giornali erano pieni dell'ultimo «dramma della follia»: omicidio-suicidio, madre e bambina di sei mesi. Il padre, nelle interviste, diceva: «Sono stato cieco, non ho capito che lei stava peggio». Il vecchio giudice vive in Toscana, una casa in collina. «Leggo i giornali insieme a mio nipote, che ha sedici anni. Li leggo ad alta voce e lui ascolta, quando mi stanco facciamo il contrario. L'altra mattina ero arrivato alle parole di quell'uomo e mi è venuto da piangere. Ma lei capisce: un vecchio non può piangere così davanti a suo nipote. Lui qualcosa deve aver intuito, ha preso il giornale e mi ha detto lascia nonno, continuo io. Non so cosa sia stato, devo forse essere in pena per mia nuora: ha un figlio di due anni e ne aspetta un altro. È diventata così silenziosa, più cupa. O forse è solo che sono vecchio e mi tornano in mente i ricordi remoti. Questo, per esempio, mi ossessiona. Ero un pretore di fresca nomina, un ragazzo. Mi chiamarono per un sopralluogo: il suicidio di una giovane donna. La settimana prima la famiglia aveva fatto festa per il battesimo del suo primo figlio, sembravano tutti felici. Di notte, quella notte, lei era uscita in ciabatte con la sua sottoveste rosa leggera. Faceva un freddo tremendo ancora la mattina dopo, sono passati cinquant'anni e sento ancora freddo. Lei andò a posare il collo su una rotaia della ferrovia non molto distante da casa. La cercarono – la trovarono – poco dopo l'alba. Mi chiamò il brigadiere: aveva saputo dai familiari che la donna stava bene, dicevano che non aveva ragione di uccidersi. Aggiunse che la donna viveva in un ambiente contadino un po' chiuso, in casa con la suocera e le cognate delle quali forse temeva il giudizio qualora non fosse riuscita a svolgere come prima i compiti che le spettavano nell'ambito della famiglia e della piccola impresa agricola. Ipotesi, congetture, illazioni del bravo sottufficiale? O forse invece qualche preoccupazione la puerpera l'aveva esternata, senza che le sue ansie venissero percepite? E come possono dei profani capire i sintomi di un male così oscuro? In definitiva, la poveretta sacrificandosi aveva scelto il male minore. Il bambino no, non l'aveva toccato. L'avrebbero tenuto le cognate. Il brigadiere era preoccupato per la difficoltà di procedere alla svelta alla rituale ricognizione del corpo; infine arrivò un carabiniere, tenendo per i lunghi capelli neri la testa. Mi sembrò terribile, come se portasse un trofeo, ma penso adesso che certo, non avrebbe potuto reggerla altrimenti. Disse di averla "rinvenuta in mezzo a un cespuglio di rovi" a varie decine di metri di distanza dalla ferrovia. La rivedo adesso, proprio chiara negli occhi: sarebbe una vecchia come me, oggi. Avrebbe quasi ottant'anni anche lei.»

Mi ha scritto un pensionato, una lettera vergata a mano con la calligrafia alta e obliqua che si imparava a scuola una volta. Si firma proprio così: A.C., pensionato, Lecco. Dice che passa le giornate a casa perché fuori non gli piace più. Si stanca e si sente a disagio con «tutto il movimento di fretta della strada». Esce la mattina presto a comprare i giornali, ne legge molti fino in fondo e con cura, a volte li rilegge. Gli fa compagnia la tv, «sempre accesa come una persona in un'altra stanza che parla da sola». Nella sua città, una giovane madre che da ragazza voleva fare l'attrice (la «velina», che è da dove oggi si comincia) ha ucciso il suo bambino. I quotidiani locali portano in prima pagina la foto della donna ai provini per il casting, truccata e vestita da soubrette. Sorride e butta un bacio col rossetto. «Ecco la mamma assassina», dice il neretto della didascalia. Il pensionato è vedovo, ha una figlia adulta che vive all'estero e che vede poco. Si scrivono. «Ho ritagliato quella pagina e l'ho mandata a mia figlia così, senza commenti. Tanto lei capisce cos'è che mi fa schifo.» Spiega meglio, spiega a lungo e conclude, con la sua calligrafia curata ed elegante: «Nei mostri attorno comprendo quelli, decine, che conoscono e nello stesso tempo cancellano le implorazioni di aiuto, richieste a volte esplicite, oppure silenziose ma altrettanto evidenti, di persone in difficoltà lanciate ai propri vicini e prossimi. Vicini e prossimi anche di mia conoscenza».

Partorire è un po' morire.
Brooke e le altre

È piuttosto difficile provare sentimenti di identificazione e simpatia per una che a undici mesi faceva la pubblicità di un sapone in tv, a tre anni sfilava in passerella per la moda-bimbo, a dieci posava nuda per i fotografi e a tredici era la preadolescente più famosa del mondo nei panni di una prostituta bambina. Una, per giunta, che quando ha finito di crescere era alta un metro e novanta, aveva milioni di capelli lucidi come nello spot di uno shampoo, occhi verdi grandi come laghi, gambe chilometriche, ventre superpiatto, decine di fan club, una laurea presa in tre anni in letteratura francese all'università di Princeton, un quoziente di intelligenza superiore alla media e un patrimonio di svariati miliardi. Bisogna concentrarsi su alcuni dettagli, per riuscirci. Per esempio: la madre. Sua madre quando era incinta ha pensato di chiamarla Christa e in effetti poi l'ha fatto, primo segno di megalomania. È lei che l'ha portata a undici mesi a fare i provini per la pubblicità, ovviamente la bambina all'epoca non camminava e per quanto precoce parlava pochissimo. È ancora la madre che a tre anni l'ha accompagnata alle sfilate fedele all'immortale cliché di Anna Magnani in *Bellissima* ma, si intuiva già allora, con diverso esito. Quando i press agent alla vigilia del primo servizio fotografico in vasca da bagno – la bambina aveva circa nove anni – hanno consigliato di usare per il lancio del servizio il suo secondo nome, Brooke, la madre ha firmato le carte, tutte le autorizzazioni, le liberatorie necessarie e per i successivi vent'anni ha disposto della figlia come se fosse la sua privata multinazionale.

Vista da qui la storia di Brooke Shields somiglia un po' più alla storia di un'odierna quarantenne qualunque. Esasperata dai meccanismi di Hollywood, certo. Non paragonabile a nessun'altra per via delle qualità oggettive e fuori norma della bimba, è vero. Anche l'accanimento e l'invadenza della madre sono senz'altro superiori a quelli di una genitrice media. Però da un certo momento in avanti, procedendo nella biografia della ragazza, si cominciano a riconoscere certi segnali tipici del tempo in cui viviamo comuni a tutte le latitudini: la madre le ha sempre raccomandato di pensare prima di tutto alla carriera, al lavoro, alla realizzazione di sé. Ha boicottato i fidanzamenti occasionali accettando per evitarli ruoli in film che avrebbero portato la figlia per mesi su un set lontanissimo dal luogo del suo giovane amore. Dopo il successo planetario di *Pretty Baby* (era il '78, lei aveva tredici anni) Brooke è rimasta per vent'anni prigioniera del ruolo di irresistibile lolita in film via via sempre più scadenti e di minor successo. Verso i trenta fare la ninfa preadolescente è cominciato a diventare difficile. Anche la madre era diventata pesante. Brooke si è fidanzata e poi sposata con un uomo di cinque anni più giovane, ma avendone lei per contratto eternamente sedici lui risultava comunque maturo. Il celebre e belloccio Andre Agassi, tennista, ha smesso di vincere quando ha conosciuto Brooke e ha ricominciato quando l'ha lasciata per allenarsi e poi (o prima, magari) innamorarsi di Steffi Graf, tedesca dalla tabella di marcia implacabile che lo ha riportato a successi mondiali. Sono cose che non favoriscono l'autostima di una ex moglie.

Brooke è così entrata nella decade che porta ai quaranta. Ha lasciato la madre, se sia mai possibile farlo. «Mi sono molto emancipata da lei» ha detto. Ha accettato una parte in un serial tv di discreto successo, non memorabile ma buono. Ha conosciuto uno sceneggiatore affettuoso, si è sposata con lui alla presenza di otto persone. Ha cominciato a desiderare un figlio ma non veniva. Si è sottoposta a lunghi trattamenti per la fertilità.

A trentotto è rimasta incinta e ha partorito Rowan, una bambina. Ha pianto ininterrottamente dal primo istante in cui gliel'hanno messa in braccio, ha sognato notte dopo notte che la bambina moriva, ha desiderato darla in adozione, ha sfiorato il suicidio. «Mi sedevo in poltrona e pensavo di vederla volare contro la parete davanti a me e poi scivolare giù fino a terra.» È entrata in una lunga e terribile depressione dalla quale è uscita grazie ai farmaci, alle cure mediche, alla pazienza e all'amore del marito e degli amici. Ha scritto un libro, *E poi venne la pioggia*, che in America è diventato best seller: racconta con una certa dose di coraggio tutto questo. Per molto meno – per un'intervista a un settimanale – un'attrice italiana colpevole di aver detto «mettere al mondo un figlio è un trauma, c'è una parte di te che si stacca, rimani con questa pancia molle e sgonfia, vuota. Per i primi mesi cessi di esistere. Non hai più la tua identità» è stata messa alla gogna, additata come una madre snaturata, costretta infine a smentire le sue stesse parole che – ha dettato – «sono state mal interpretate, non corrispondono al mio pensiero». L'intervista a Claudia Gerini che non corrisponde al suo pensiero era intitolata *Partorire è un po' morire*. Margherita

Buy ha detto una volta in tv che il primo anno con sua figlia è stato un inferno, poi non ne ha parlato più.

Tom Cruise, ex marito della stellare Nicole Kidman e seguace di Scientology, è andato in tv a dire in un talk show della sera che «Brooke è irresponsabile e pericolosa, non si prendono medicine contro la depressione, si cura con le vitamine e con l'esercizio fisico». Lei gli ha risposto sul «New York Times» con una certa ironia. «Si vede che il signor Cruise non ha mai sofferto di depressione postparto.» Poi ha spiegato di che si tratta: nessuno ne parla «per paura, vergogna e mancanza di sostegno», se non mi fossi curata coi farmaci adesso forse non sarei qui a raccontarlo. «Ho smesso di prenderli, a un certo punto, e un giorno ho rischiato di schiantarmi in auto con mia figlia sul seggiolino di dietro.»

È passato tutto, alla fine. Ora va tutto bene. La donna che ha vissuto l'adolescenza più lunga del mondo aspetta un altro figlio. È una bambina, nascerà a maggio quando sua madre avrà già compiuto quarantuno anni. C'è anche questo in comune fra milioni di donne nel mondo e pretty baby: essere madre a quaranta, almeno dieci anni dopo il momento in cui sarebbe stato tanto più facile ma allora non potevi, non volevi, non pensavi. Su internet i siti specializzati in «belli e famosi» annunciano la seconda gravidanza di Brooke con frasi così: «Sarà una femminuccia! Un'altra femminuccia e questa seconda bambina dimostra che Brooke non ha nessun problema: è davvero felicissima nel suo ruolo di madre!». Una femminuccia, punto esclamativo. Nessun problema con il ruolo di madre. È felicissima. Secondo punto esclamativo e fine della storia.

Ninne nanne

Giuseppe Pontremoli leggeva storie ad alta voce. Ha scritto un libro – *Elogio delle azioni spregevoli* – che è come un baule pieno di tesori. C'è dentro talmente tanto che non sai più dove guardare. Ci trovi persino quello che non c'è. Una maestra elementare racconta di aver letto lì che «i bambini non sono affatto creature meravigliose: alcuni bambini lo sono e altri no. Esistono bambini orrendi, viziati, antipatici, presuntuosi. Molti bambini sono veramente insopportabili. Inoltre i bambini sono sempre cattivi». Il libro non dice proprio questo, in effetti. Però si vede che a chi deve dirlo dice anche questo. Si vede che oltre una certa soglia di sopraffazione capita di aver bisogno di dirlo a voce alta: certi bambini sono orrendi. Pontremoli – un «piccolo maestro», anche lui un maestro elementare – a un certo punto della sua narrazione fa un elenco: non c'è il Bambino, dice. Ci sono i bambini veri, tanti e diversi: «Bambini ricchi e bambini poveri, assediati e abbandonati, quelli che hanno la colf e quelli che hanno l'assistente sociale, alcuni hanno dei fratelli, altri dei televisori, altri fame, altri la puzza sotto il naso. E così ci sono bambini allegri, tristi, noiosi, antipatici, saggi, saccenti, arguti, crudeli, teneri, costruiti, affettuosi, spontanei, ricci». Poi cita

Grossmann: «Diffidate da chi dice adoro i bambini. Avete mai sentito qualcuno dire adoro gli adulti?». Poi, più avanti ancora, cita il *Dizionario dei luoghi comuni* di Flaubert. Alla voce «Bambini»: «Fingere una tenerezza lirica nei loro riguardi, quando c'è gente». Quindi alla fine sì, con un sorriso dice anche questo: bisognerebbe liberarsi dal luogo comune e dall'obbligo sociale di amare «i bambini». Giacché anche i bambini sono persone si può amare un certo bambino e non sentire nessuna attrazione verso un altro. Vale anche per i figli, naturalmente, sebbene non sia così frequente sentirlo dire a voce alta. I figli rientrano alla voce «Bambini», d'altra parte. Perciò, che sia lecito dirlo oppure no, ecco: esistono figli adorabili e figli prepotenti, prudenti e scalmanati, belli e brutti, intelligenti e lenti, sensibili e vacui. Figli che ti somigliano e figli che non sai da dove cominciare. Non è vero che i figli sono tutti uguali, è una menzogna perpetuata dalla secolare litanìa della «gente perbene», una bugia che ogni genitore conosce, che reprime e occulta insieme al senso di colpa di saperla. I figli sono diversi, ciascuno di loro lo è. Ci sono figli che alleggeriscono la vita, figli che la appesantiscono. I figli cambiano la vita, dice un altro luogo comune che avrebbe deliziato Flaubert: non tutti la cambiano in meglio. La cambiano. Per il come dipende.

Alla fine degli anni Venti, Federico García Lorca si mise a raccogliere ninne nanne. Era stufo di cattedrali, cercava qualcosa che parlasse della storia da viva: trovò le canzoni e i dolci. Girava per le strade assolate nei paesi dell'Andalusia, la sua terra, e trascriveva i testi delle melodie che sentiva arrivare da dietro le tende di una finestra, da un patio. Poi mangiava un impasto di zucchero e cannella venuto direttamente dall'anno Mille. «Una canzone salta improvvisa dal suo passato all'istante di adesso viva e palpitante come una rana.» Come una rana. Le ninne nanne, si accorse subito, sono spesso tristissime, a volte tragiche. Malinconiche le melodie, spaventosi i testi. Narrano di abbandoni e di bambini scambiati, di madri assenti, di fatiche intollerabili.

Che per accompagnare un bambino nel difficile abbandono dalla veglia al sonno si usassero, si usino ancora, storie di orchi e di ladri era, per un poeta, sorprendente. Non lo è troppo, invece. I bambini pesano, non solo fisicamente. Addormentarli è una fatica a volte estenuante. Inchiodano a un ruolo ripetitivo e ingrato, sottraggono energie al resto della vita: in primo luogo alla propria. In una stupenda conferenza pubblicata in un libretto, *Sulle ninne nanne*, García Lorca dice di aver capito che «la ninna nanna viene inventata da quelle povere donne i cui bimbi costituiscono un peso, una croce onerosa che a volte faticano a reggere. Ogni figlio anziché una festa risulta un gravame e quindi le mamme non possono fare a meno di cantare, dentro l'amore, anche il disinganno della vita». C'è un elemento di rancore verso il bambino che, benché amato, arriva quando non doveva o semplicemente arriva e perciò occupa tutto il tempo, tutta la forza che c'è.

È una meraviglia la raccolta di nenie del Poeta. Di tutte cita la fonte. Una asturiana dice: «Questo bambino che tengo al collo è di un amore che si chiama Vittorio, Dio che me lo hai dato levamelo di torno». A Tamames ha sentito: «Dormi bimbo mio che ho tanto da fare, lavarti la roba, mettermi a cucire». A Granada si cantano storie raffinate e atroci. «Fai la nanna la nanna la nanna, la nanna di quello che portò il cavallo all'acqua e lo lasciò senza bere.» Segue una lunga dissertazione sulla «strana, misteriosa angoscia dell'uomo senza volto che non fa bere il proprio cavallo». Come può dormire un bambino accompagnato dall'immagine di un uomo malvagio che lascia morire di sete il suo cavallo? Non è forse uno spavento orrendo, una cattiveria atroce consegnare un figlio alla notte con un pensiero così? A Santander: «In fondo a quella strada c'è uno sparviero perduto, dicono che va a rapire la colomba dal suo nido». A Caceres: «Dormi bambino dormi che tua madre non è in casa l'ha portata via la Vergine per farle compagnia». Oppure anche: «Questo tartarughino non ha madre, lo ha partorito una zingara che l'ha gettato per strada». Uno sparviero predatore del nido, una madre scomparsa, una zingara che butta il figlio per strada. Chiude la serie la «ninna nanna dell'adultera». Dice: «Che bello sei, che brutto che non capisci, in casa c'è il padre del bimbo che piange». La madre in realtà non si rivolge al figlio ma a un uomo sulla soglia («che bello che sei»), lo invita ad andarsene («che brutto che non capisci»). Non vedi, gli dice, che ho da fare col bambino e che c'è suo padre in casa? Devo rinunciare al piacere, devo stare chiusa qui. Dice García Lorca che l'uomo sulla soglia – quello che non abita nella casa, ci passa davanti e si affaccia – «è l'uomo misterioso e senza nome: è quello che ogni donna libera e vera va sognando». Conclude come ha iniziato. «La Spagna adopera le sue melodie più tristi e i suoi testi di più fonda malinconia per addormentare i bimbi.» Produce un'antologia di spaventi. Canta ai figli la fatica di portarne il peso.

Non andare, io sto nudo

Carmen ha lasciato un figlio adolescente in Perù. La piccola che ha sei anni è venuta in Italia con lei: è interna in un collegio cattolico di suore sudamericane, la vede un fine settimana ogni due. Carmen ha trentanove anni, quasi la stessa età della signora dove lavora il pomeriggio. Si occupa dei suoi tre figli e in specie di quello minore, un bambino di due. Ha messo una cipolla in un vaso di miele, tempo fa, e tiene lì l'infuso per quando i ragazzi hanno la tosse: «Non serve lo sciroppo che si compra in farmacia signora, mi creda, con miele e cipolla va bene». Va bene, loro lo prendono senza proteste e guariscono.

Carmen sembra dolce fin quasi a risultare di zucchero ma invece è molto ferma, non alza mai la voce e non punisce, i bambini al principio si approfittavano di lei ma col tempo per qualche misteriosa ragione hanno cominciato a darle ascolto. Un'obbedienza che ha dentro una vena di rispetto e un'altra di protezione. «Non fare così se no Carmen si arrabbia» dice il più grande ai fratelli. E anche: «Adesso ha detto Carmen che è l'ora del bagno, non farglielo ripetere». «Mettiamo in ordine noi, non preoccuparti, Carmen, che sei stanca.» Col piccolo è un po' più difficile. È turbolento e non conosce il pericolo. È dispotico come certi bambini che imitano i grandi: «Ho detto vieni qui subito», fa ridere sentirlo dire così ma invece no, bisogna insegnargli subito che non si pretende, si chiede per favore e caso mai si aspetta. È un bambino stupendo e questo – bisogna dirlo sebbene con vergogna – complica un po' le cose: siamo schiavi della tirannia dell'estetica. Di fronte a un bambino inconsapevole della sua magnificenza ci arrendiamo due volte su tre. Inoltre soffre dell'assenza dei genitori, ci diciamo. In realtà chi soffre molto e davvero, come sempre, è il figlio di mezzo: quello che non è più piccolo ma non è ancora grande, quello depredato dall'arrivo di questo ulteriore fratello usurpatore di capricci e di privilegi. Quello che serissimo chiede: «Scusa, ma quando uno ha già un figlio o addirittura ne ha due, perché ne vuole un altro, a che gli serve?». Che bisogno c'era, cosa ho io che non va? Ecco, quello di mezzo.

E però è al piccolo che a un certo momento si deve la prima spiegazione della vita, la più dura. La prima risposta la prima volta: perché mamma va al lavoro? Cosa deve fare, perché non può restare con me? Nel senso: cos'ha mamma di più importante da fare, chi c'è là fuori, qual è il nemico misterioso con cui devo combattere? C'era Carmen, il giorno della prima domanda, e Carmen che altre risposte non trovava gli ha detto semplicemente: mamma va al lavoro per guadagnare i soldi per comprarti da mangiare e anche i vestiti. Va al lavoro così tu puoi avere queste scarpe rosse così belle. Sono passati i giorni e poi le settimane. La mamma dei tre bambini fuori tutti i pomeriggi, a volte giorni. In ufficio, e al telefono con loro. «Mamma, Aldo mi ha detto che Laura non mi vuole più bene», voce rotta dal pianto. Lascia perdere Aldo amore vedrai che non è vero, sarà geloso. In aeroporto e al telefono con loro. «Non trovo il quaderno di latino domani ho la verifica», mi sembra di averlo visto in cucina sopra la sedia accanto al frigo. Al congresso e al telefono con loro. «Ripassiamo insieme la tabellina del sette, mi fai le domande come il maestro?» Sì: sei per sette? No, no, sei per sette fa quarantadue: come nei quarantaquattro gatti. «Mamma, che dici, ma cos'è quarantaquattro gatti?» Lui ha dieci anni, quarantaquattro gatti non la sa. In treno, e al telefono. No, il piccolo non me lo passare che poi piange. No, dai tanto non capisce non me lo passare. Ok va bene passamelo. «Ciao mamma, non vuoi più venire qui da me?» Sì voglio. «Allora stai venendo adesso?» Adesso. «Aspetta che ti apro la porta. Guarda, vedi che la apro?» Sì ti vedo, ora chiudila però che entra freddo. Chiama Carmen per chiuderla stai attento alle mani. Insomma, dalla volta della spiegazione delle scarpe sono passate le settimane e poi i mesi. Una sera, insieme nel letto a leggere una storia prima di dormire. «Mamma.» Sì? «Sai che nel film Tarzan quando è piccolo sta scalzo?» Sì, è vero. «Anche nudo.» Sì certo, vive nella foresta. «Mamma.» Sì. «Le scarpe rosse le possiamo buttare via?» Perché buttare? «Diamole a un altro bambino, io non le voglio.» Fai come Tarzan? «Sì come Tarzan. Le scarpe non le voglio, così tu non vai più al lavoro. Resti sempre qui, tanto io sto nudo.»

Un'ora sola ti vorrei

Come un vento misterioso che non si sa da dove viene ed è inutile cercare, un vento dentro. Al cinema, quel pomeriggio d'agosto, erano in cinque. Cinque persone sole, sedute in poltrone lontane. Tre donne, due uomini. Il film è cominciato ed è stato subito chiaro che era fatto di vento. Impalpabile, raffiche di sentimenti, scaglie di ricordi in mulinello. Una vita, la storia di una donna raccontata da sua figlia. Una storia ritrovata con coraggio e con fatica, cercata dove era stata nascosta. L'agio di una vita altoborghese, gli abiti di pizzo dei bambini e le scarpette bianche, l'autorità sorda del potere e del denaro. L'amore, forse. L'inquietudine, certo. Quelle piccolissime sbavature nel quadro della perfezione. La condanna e la vergogna. La prigione, la fine. Capita a tante donne di sentirsi inadeguate di fronte ai figli che nascono, alle aspettative che premono, bussano come intrusi alla porta e non c'è verso di non starli a sentire. Capita a molte di avere bisogno di aiuto, di avere paura di non farcela. Di non avere più voglia di niente se non di tornare indietro, ma indietro non si può.

Liseli Hoepli aveva trentatré anni quando si è uccisa, nessuno della sua ricca e austera famiglia milanese l'ha ascoltata quando chiedeva, dalla clinica dove l'avevano chiusa, portatemi via da qui, vi prego, ho bisogno di voi. Semplicemente:

l'hanno murata viva oltre confine, vergognandosene. Era bellissima, bellissima. Era un po' confusa, prima, un po' triste. Poi si è ammalata della sua tristezza, invece che con l'abbraccio l'hanno curata col confino. Le hanno tolto i figli, era matta e doveva stare coi matti, non coi bambini. Ha implorato, ha invocato. I suoi hanno pagato la costosa retta senza rispondere a quel semplice richiamo. Ai bambini l'hanno tenuta nascosta come un disonore. Quando sua figlia Alina ha avuto il coraggio – certo, sì, è sempre una questione di coraggio: andare a vedere o non farlo, ascoltare o no, dire o tacere – l'ha cercata, e l'ha trovata chiusa negli armadi del nonno dentro i filmini di famiglia segnati dalla lettera L: Liseli.

Il suo film si chiama *Un'ora sola ti vorrei*, come quella canzone: «io che non so scordarti mai». È di qualche anno fa e ha già vinto molti premi, ma nelle sale – in poche – è uscito adesso. Bisogna vederlo perché non si può raccontare. Le parole sono tutte di Liseli, la madre: erano nei suoi diari e nelle sue lettere. C'è la più bella dichiarazione d'amore di una donna a un uomo. C'è la storia di un secolo, di una città, di una famiglia. C'è la felicità quando era ancora possibile, e la speranza che torni. La compostezza della buona educazione, il tormento che non conosce differenze sociali. Un padre, un marito. Ci sono gli uomini, sempre lontano. E quella bambina, aveva appena cominciato a scrivere le prime cartoline: cara mamma. Alina Marazzi ora ha quarant'anni – l'età dei bilanci, dei confini. Dice che ha fatto un film sulla nostalgia. «Non solo nostalgia per una mamma che non c'è e non c'è mai stata, ma anche nostalgia per tutto quello che è stato e che non tornerà, per quello da cui veniamo e al quale ci sentiamo più o meno consapevolmente legati. La nostalgia come sentimento necessario per il superamento di una perdita. La nostalgia come condizione essenziale per vivere.»

Mi vuoi bene anche se sono cattivo?

Bernardo ha tre anni, tre fratelli più grandi e di sicuro più di trecento libri a sua disposizione: un'intera libreria che si è andata riempiendo negli anni e nelle generazioni. «Ti leggo una storia?» è la proposta che chiunque – dopo mezz'ora esausto – gli fa col segreto scopo di tenerlo seduto qualche minuto, di distoglierlo dalle più dannose attività che predilige. «D'accordo, leggiamo» risponde lui. D'accordo è il modo con cui fin da piccolissimo ha scelto di dire sì: gli dà un'aria molto seria e non ci si abitua a sentirlo, fa ancora sorridere. Poi la lettura prende sempre il sopravvento. Il racconto delle storie, specie se chi racconta è ispirato, si può protrarre per ore: quando ogni animale ha una voce diversa, quando la parte del cattivo si veste di smorfie orribili, quando il bambino curioso parla con una cantilena e la vecchia ha la raucedine. Quando le pause preparano il colpo di scena e si può far finta di dimenticare una parola, tanto lui le sa tutte a memoria, ti ferma e dice no, torna indietro, ti sei sbagliata: ecco, allora leggere diventa un teatro.

Al momento di andare a dormire dei suoi trecento libri Bernardo ne vuole sempre tre. Con una misteriosa circolarità che sarebbe bello riuscire a decifrare chiede a settimane alterne *Dónde está mi mamá?*, la storia di un bebè coccodrillo che ha perso sua madre, *Urlo di mamma*, la storia di una mamma pinguino che quando si arrabbia urla così forte da mandare il suo pinguinetto in mille pezzi, e *La passeggiata di un distratto*, la più celebre di queste novelle, un racconto di Rodari dove Giovanni bambino distratto perde lungo la sua passeggiata pezzi di sé: un braccio, un occhio, una gamba. La mamma li raccoglie in un cestino e quando lui torna a casa li riattacca.

Bernardo Atxaga, eccellente scrittore basco, ha scritto grandi storie per adulti e grandissime storie per bambini. Come molti, certo. Però la sua particolarità è che si vede – si sente – che anche mentre si rivolge agli adulti conserva quello sguardo verde sulle cose, quel modo di parlare senza pretesa di spiegare che dice tutto anche quando sembra che non dica nulla. «I libri per bambini sono fantastici» dice un suo personaggio in un racconto: alcuni di loro sono di gran lunga più istruttivi della lettura di un giornale «soprattutto delle pagine dello sport, le più difficili, niente in confronto con quelle della politica». Putroppo chi non ha figli né nipoti è difficile che faccia questa risolutiva scoperta. Per fortuna chi ha figli e nipoti la fa. Così impara che *Urlo di mamma*, dieci pagine a colori per un totale di cinquanta parole scritte, vale più di un manuale di puericoltura, di un saggio di psicanalisi, di un romanzo di formazione in materia, per esempio, di colpa e di perdono. Dice tutto quel che c'è da sapere. Dice qualcosa che un bambino di tre anni già sa e che gli adulti hanno dimenticato. Lo dice in un attimo, il tempo che basta a capire ogni cosa.

Perciò conviene sforzarsi un poco, dedicare dieci minuti a questa bizzarra attività e – anche in assenza di bambini – stare a sentire di cosa parlano quei libri, cosa raccontano. È riposante, è divertente, è fonte di altri e lunghissimi pensieri. I tre che circolano sul comodino di Bernardo, per esempio. *Dónde está mi mamá?*, dov'è la mia mamma, ora che l'abbiamo letto più di mille volte sappiamo che custodisce due momenti sensazionali. Il primo è quando il piccolo coccodrillo riconosce i suoi simili. Si era perso nella foresta, aveva vagato chiedendo a ogni animale «Sei tu la mia mamma?» e quelli – la tigre, l'elefante, la scimmia – per rispondere lo avevano sottoposto a una prova: vediamo un po', sei capace di fare questo? Un ruggito, un barrito, una giravolta. Naturalmente no. Il bebè coccodrillo provava, ma non ci riusciva. «Non poteva», dice la storia. Dunque no, non sei mio figlio. Stanco e già in lacrime per gli insuccessi e la paura il bebè trova altri coccodrilli nel fiume, piccoli come lui. «Sei capace di fare questo?» gli chiedono. «*Chas*.» Si vede che *chas* è il verso del coccodrillo. Sì: poteva, dice il racconto. «Poteva», ripete Bernardo ridendo, anche la milionesima volta con lo stesso sollievo. Ti rendi conto? Poteva. Aveva trovato finalmente quelli uguali a lui. Quante volte ti succede nella vita adulta di trovare uno uguale a te, uno che capisci e ti capisca: dieci? Non credo, direi meno. A tre anni senza saperlo già lo sai, si vede. Il secondo segreto della felicità è alla fine. Il bebè coccodrillo conclude la sua terribile avventura quando ritrova la mamma. Siamo tutti spossati, noi che abbiamo vagato per la foresta con lui. La mamma invece è tranquillissima: «Ah, sei qui,» gli dice «dove sei stato tutto questo tempo?», e – si chiude la favola – «gli dedica un largo sorriso». Fine. La mamma dunque non era affatto preoccupata. Non è arrabbiata con lui perché si è allontanato, non è stata in pena facendolo di conseguenza sentire cattivo. Non lo rimprovera, non lo punisce. Non gli dice: non farlo mai più perché potresti perderti, essere divorato, morire.

Questo il bebè coccodrillo lo sa già da solo, era preoccupatissimo al cospetto della tigre, quindi che bisogno c'è di infierire? Ha passato tutti gli spaventi. La mamma – piuttosto – è semplicemente lì: lo accoglie sul dorso, sorride.

Uno smette di leggere e pensa a quante volte si è infuriato, e quanto inutilmente. Quanta rabbia, quanta apprensione sfogata a sproposito, quanti strilli inutili giacché tardivi, postumi. Un'esperienza terrificante è una lezione di per sé. Se hai rotto una bottiglia e ti sei tagliato ti sei già fatto male, hai già sperimentato il rischio e il dolore e allora a cosa serve, dopo, una madre che urla «Cosa hai fatto»? Serve che ti consoli, che ti guarisca. Non è mica facile, però.

Urlo di mamma è una gran consolazione per tutti quelli e quelle che non ci riescono. La pinguina è furibonda col figlio, gli strilla così forte da far volare in giro per il mondo tutti i pezzi del suo corpo: il becco su una montagna, la coda in una città, le ali nella foresta. Rompe suo figlio, insomma. Lo manda in frantumi. Il piccolo cerca di recuperare i pezzi ma non li trova. A un certo punto volando su un'enorme nave arriva dal cielo la madre: ha tutto con sé, il becco, la coda, le ali. Ha ago e filo, anche. Ricuce tutto, abbraccia il pinguinetto. «Scusa se ho urlato così forte», gli dice. Il pinguinetto sorride. «Scusa se ho urlato così forte», sorride anche Bernardo: lo sa persino lui che capita, succede. A volte una mamma perde la pazienza e ti rompe, ma poi le dispiace, poi ti ricuce. Lei è sempre lì, anche quando è stata cattiva. Ha urlato, sì, ma è buona: infatti è tornata, e tu bambino l'hai perdonata in un istante.

Amarsi e farsi male è un tema, per così dire, noto e sviscerato nei secoli. Amarsi-comunque è la frazione del tema che interessa i bambini. «Tu mi vuoi bene anche se sono cattivo?», chiedono i figli prima di spegnere la luce alla fine di una giornata terrificante. Se sono cattivo, se sono capriccioso, se sono prepotente, se ti faccio stare male: mi vuoi bene lo stesso? Fin dove arriva questo amore, dove finisce? Finisce?

Della *Passeggiata di un distratto* di Rodari l'illustratrice Beatrice Alemagna, una ragazza italiana che lavora a Parigi, ha fatto una nuova magnifica edizione. C'è anche un dvd, in fondo, ma stranamente Bernardo in questo caso preferisce il libro con le illustrazioni di stoffa, poetiche e giganti. La storia è nota: Giovanni esce a fare una passeggiata ed è così distratto ma così distratto che ogni volta che si fissa a guardare una nuvola, un cane che corre, una vetrina, perde un pezzo del suo corpo. I passanti raccolgono i pezzi e li portano alla madre, le dicono: «Si sa, signora, come sono fatti i bambini». Quando Giovanni torna a casa senza un occhio, senza una gamba, senza un braccio ma felice, saltellando su un piede solo la mamma sospira, prende i pezzi dal cesto e li rimette al loro posto. Giovanni le chiede: «Sei arrabbiata mamma? Non manca niente? Sono stato bravo?». Lei scuote la testa, lo abbraccia e lo bacia: «Sì, sei stato molto bravo» gli dice. Bernardo sa già come va a finire e a questo punto di solito dorme.

Quando è uscita la recensione della nuova edizione del libro di Giovannino sono arrivate, fra le molte, due lettere. Nella prima un uomo, educatore scout e padre di due figli, fiorentino, si dice «perplesso anzi esterrefatto di questa mamma che rimonta i pezzi tra il rassegnato e il rassicurante». Il problema è che «i genitori iperproteggono i propri figli. Capisco che i ragazzi preferirebbero di gran lunga avere madri così condiscendenti anziché brontolone e irritabili, ma è profondamente sbagliato insegnar loro che a tutto c'è rimedio. L'idea che tutto si sistema ha portato a crimini indicibili. Non tutti i ragazzi diventano delinquenti né tutte le mamme sono creatrici di mostri ma bisogna sapere che se si perde una mano questa non si rimonta. Non c'è mamma che tenga». È un punto di vista legittimo. Una donna, invece, ha scritto questo. «A proposito di "Mi vuoi bene anche se sono cattivo": in un freddo mattino di marzo abbiamo accompagnato mio suocero nell'ultimo suo viaggio. C'era stavolta anche il figlio che per quasi due anni, tanto è durata la malattia, l'aveva dimenticato e lasciato alle cure degli altri due fratelli. Mia suocera ha accolto quel figlio con lacrime di gioia e di dolore, si è stretta a lui per trovare in quei pochi minuti tutto il conforto, il sostegno che non aveva avuto prima e lo ha perdonato. Io ho condiviso il suo comportamento, mi ha confermato quello che sentivo e avevo cercato di far accettare a mio marito e mia cognata: una mamma è come un albero che si rassegna nella sua vita a perdere fiori, foglie e frutti durante il susseguirsi delle stagioni tanto sa che prima o poi li riavrà con sé. Un figlio è un figlio per sempre.»

Se c'è una legge di natura non è quella dell'istinto materno, locuzione vuota e retorica colpevole di fin troppi misfatti. C'è, piuttosto, una universale propensione materna a proteggere chi è più debole. Un figlio violento e dunque debole, sciocco, sprovveduto e dunque debole, malato e dunque debole. La madre investita dall'onda dello tsunami che aveva in braccio due bambini, uno di tre anni e uno di sei mesi, quando ha lasciato alla furia del mare quello di tre anni questo ha fatto, in quell'istante: ha protetto il più debole. L'altro aveva qualche possibilità di resistere da solo, il neonato certo no. È una frazione di secondo, è l'istinto. La madre che ha un figlio ingrato, muto, ostile e altri figli più equilibrati e risolti è al primo che si dedica: a lui ripaga i debiti in segreto, a lui prepara da mangiare anche se quello lascerà tutto nel piatto. La madre che ha un figlio che non telefona, che non si occupa di lei, è a lui che pensa, non agli altri figli che lo fanno. Così quando torna per il funerale lo perdona. È il più debole, è suo figlio. Come nei tre racconti che Bernardo vuole sentire all'infinito: sono le storie che contengono l'errore, che lo assumono su di sé e lo perdonano quelle che ti acquietano e ti fanno dormire. Per le madri, va detto anche che perdonare un figlio equivale a perdonare se stesse. Se urlando ti ho rotto, amore mio, scusami.

Charlotte e Justine, lo sguardo del padre

C'è una foto di Annie Leibovitz che ritrae tre donne e un cane su un letto. Sono tutti bellissimi: le donne, il cane, il letto. La maggiore delle tre è Jane Birkin: in jeans e maglietta slabbrata, gli occhiali che pendono da un cordoncino al collo, i capelli raccolti con una pinza e spettinati sul viso. Sta in ginocchio sul letto e ride a occhi chiusi. Con una mano, la destra, accarezza il cane bianco abbandonato tra le sue gambe lunghe. Con la sinistra tiene una sigaretta già a metà, la tiene discosta dal corpo col gesto consueto di chi vuole allontanare il fumo. Ha un filo di rossetto, un amuleto indiano, l'aria di una cattiva ragazza di buona famiglia che sale con le scarpe sul letto di broccato color crema nella stanza tappezzata *ton sur ton*. La seconda donna è stesa bocconi: anche lei ha i jeans e una maglietta, anche lei è spettinata, anche lei ride. Ha gli occhi aperti, però, occhi orientali, pelle scura, capelli nerissimi: Lou Doillon, diciannove anni, la figlia. Guarda la terza donna, sua sorella. Charlotte Gainsbourg sta seduta sul bordo del letto e non ride: fissa l'obiettivo della fotografa. Lei sola lo fissa, severa. Ha addosso un cappotto di pelle nera, sembra l'unica ritratta per caso e sul punto di andarsene. Le due giovani figlie di Jane Birkin fanno le attrici:

Lou è stata da poco scelta come testimonial da Givenchy, Charlotte ha lavorato in America coi divi di Hollywood e in Europa nel cinema colto. Sono entrambe molto celebri in Francia, nessuna tuttavia come la madre. Il padre di Lou è Jacques Doillon, regista. «È stato molto duro essere la figlia di una donna tanto bella e sentirsi invece tutto il contrario. Mi guardavo allo specchio e vedevo un maschiaccio, a quindici anni non avevo né seno né forme. A peggiorare le cose mia madre era considerata da tutti la donna di Gainsbourg, il genio. Io ero la figlia dell'altro: quell'idiota per cui lei aveva lasciato Serge.» Charlotte col cappotto di pelle è la figlia di Serge. Ha sempre il broncio, nelle foto, spesso le occhiaie. Ride solo con gli angoli della bocca. È molto pallida. «Sono sempre stata circondata da donne bellissime: mia madre, mia sorella. A me nessuno ha mai detto che fossi brutta, ma lo sapevo. Lo sapevo dallo sguardo di mio padre.»

Lo sguardo di tuo padre. Lo sguardo muto, colto in corridoio mentre passa davanti alla porta aperta della tua stanza. Lo sguardo che passa in rassegna le donne pronte per uscire la sera, dai ragazze che andiamo, e che però su di te scivola più svelto. Lo sguardo da dietro il giornale, dal tavolo della colazione, dallo specchietto retrovisore in macchina. Lo sguardo che sparisce appena lo intercetti e in quella frazione di secondo si inchioda. Lo sai cosa pensa tuo padre di te, lo senti in quegli istanti: ti resta addosso più forte degli abbracci e delle parole, più longevo dei gesti. Un padre guarda, soprattutto. Sorveglia, esamina, giudica. Un padre non importa quanto c'è, non conta cosa dice: importa come ti guarda. È quello sguardo che ti definisce – ai suoi occhi, ai tuoi – una volta per tutte. È quello che torna nei sogni.

Anche Justine ha dietro al collo, dove si attaccano i capelli, gli occhi di suo padre. Una che di nome si chiama come un racconto di De Sade e che di cognome si chiama Lévy. Tempo fa ha scritto un libro autobiografico: *Niente di grave*. Uno pensa: la figlia di Bernard-Henri Lévy (per i francesi Bhl, non più un uomo ma un marchio) potrebbe anche astenersi dallo scrivere romanzi. Potrebbe dedicarsi all'astronomia, studiare le galassie, aprire asili modello secondo un suo personale principio dell'educazione dei fanciulli o, come si dice in genere con spregio delle persone molto fortunate, fare della beneficenza. Non scrivere, insomma. Non scrivere di suo padre, tra l'altro. Un giorno questa ragazza col naso a punta e le sopracciglia ad ala di gabbiano, questo impeccabile esemplare di giovinetta francese è comparsa in tv intervistata da Bernard Pivot. Lui con una certa sufficienza le ha chiesto: scusi, ma lei perché per il suo libro non ha usato un altro cognome? Lei gli ha sorriso: «Se uno si chiama Pivot può anche cambiare cognome. Se si chiama Lévy non può farlo».

Nel romanzo, per settimane ai vertici delle classifiche dell'esigente mercato francese, Justine Lévy racconta di furti: di come lei rubasse le anfetamine dal cassetto di suo padre, di come Carla Bruni le abbia rubato il fidanzato Raphaël, anch'egli figlio di un filosofo non famoso quanto il superbo genitore, però. Scrive dell'impossibile fuga dallo sguardo di suo padre, del coraggio che serve per tornare indietro e finalmente incrociarlo. È difficile sempre, forse più difficile ancora quando sei per tutti «la figlia di». Bisogna prima arrivare in fondo al precipizio, ammazzarsi quasi e poi tornare su, se ti riesce: solo allora raccontare con quella voce scarna e aspra com'era stare lì in fondo al pozzo. Sopportare i mostri, liquidarli, cadere in tutte le trappole e uscirne. Soffocare sotto una madre che muore di cancro, un padre che sovrasta chiunque, un amore che finisce così male. Patire tutti i dolori del mondo in un buio secco e bruciato e poi dire va bene, va bene: è andata così. «Ogni storia è un brogliaccio della prossima, si tira una riga, un'altra riga e quando il compito è quasi pulito e senza errori d'ortografia non resta che andarsene.» Questione di igiene e di grammatica, un fatto di ordine. Niente di importante. Niente di grave.

In ricordo di Greta

Questo è un necrologio per Greta che aveva dieci anni e che quando è morta sul giornale non ne ha avuto nessuno. Suo padre era una persona distinta, proprio una persona perbene. Un medico stimato, un amico amabile, un figlio adorato. Un giorno il papà ha preso Greta e l'ha portata in garage – un bel garage di una bella villetta di un tranquillo decoroso quartiere di una bella città, Bologna – e l'ha uccisa con cinquantuno picconate. Cinquantuno: bisogna contare mentalmente fino a cinquantuno, ci vuole un po' di tempo. Poi è salito su in casa, ha detto ai vecchi genitori «l'ho fatto per il suo bene» e si è buttato dalla finestra. Morto anche lui. La sorella di Greta, che ha tredici anni, per fortuna quel pomeriggio a casa non c'era.

I giornali e i tg hanno detto che è stato un «dramma della follia», un «raptus di un uomo tranquillo» che non aveva mai accettato la separazione dalla moglie. Hanno intervistato i direttori delle associazioni padri separati. Nessuno ha detto che forse era un uomo malato: d'altra parte era un medico circondato da medici, se lo fosse stato qualcuno se ne sarebbe accorto non vi pare? Qualche giorno dopo, la domenica seguente, il giornale locale ha pubblicato una pagina intera di necrologi. Tutti per lui, per il padre: nessuno per Greta. I genitori hanno scritto «figlio adorato, duramente e ingiustamente infangato, dai anche a noi la forza di perdonare chi ti ha procurato tanta sofferenza da vivo e ora anche da morto». Chi può avergli procurato tanta sofferenza da vivo, a chi si riferiscono? E come si procura sofferenza a un morto? Il necrologio di uno zio: «Sei stato il più amabile e adorato dei nipoti, spero che tu possa trovare quella pace che non hai avuto sulla terra». Quello di un'amica: «Sei stata la persona più cara e amabile che ho conosciuto, resterai sempre nel mio cuore». Amabile. Tutti così, lo stesso tono, le stesse parole: ventuno ricordi funebri pubblicati in colonna.

La moglie lo aveva denunciato qualche tempo prima per aver picchiato la figlia maggiore. Gli avvocati del papà di Greta hanno spiegato che la denuncia per percosse si riferiva a «un normale episodio fra un padre e una figlia vivace». La bambina aveva avuto sette giorni di prognosi. Un amico ha detto in tv che le botte alla moglie, prima della separazione, «facevano parte di una normale dinamica di una coppia in crisi». Quindi sappiamo che prima di uccidere sua figlia e di uccidersi aveva almeno una volta picchiato la moglie e mandato all'ospedale l'altra figlia. Normale, d'altra parte era un figlio adorato, un medico stimato, un amico amabile. Una ragazza di ventitre anni ha scritto una lettera a «Repubblica» qualche giorno dopo i funerali, si è firmata con nome e cognome. La lettera dice così: «Greta era una bimba bellissima, viveva sotto casa mia ... Suo padre era un uomo ricco e potente. La sua ex moglie si era separata da lui anni fa dopo essere finita al pronto soccorso per le violenze subite: come tante donne non era riuscita a denunciarlo e i medici non avevano indagato oltre. Per sette anni il marito le aveva fatto passare l'inferno ... Quando picchiò la figlia maggiore la donna lo denunciò e attorno a lei si fece il deserto. Nemmeno gli insegnanti della figlia le credevano. Il prestigio di quell'uomo era più importante ... L'autoritarismo e gli abusi che esercitava erano iscritti nella continuità di una condotta che la società vedeva, tollerava e intimorita rispettava». Parla – questa ragazza – dell'impunità oscena del potere e dell'orrore che può nascondere una «vita perbene». Nemmeno gli insegnanti della bambina credevano alle denunce della madre. Il silenzio intorno, una coltre. E poi Greta, che era bellissima. Figlia e nipote di una buona e rispettabile famiglia, a Bologna.

Al suo posto, i figli di Craxi

A qualunque ora, nei giorni di seduta parlamentare, Nicola è là. Accanto alla libreria tedesca di piazza Montecitorio, in piedi accanto alla macchina. Aspetta. Nicola ha gli occhi chiari, vestiti semplici. È un gigante. Tiene le mani incrociate dietro la schiena. Fa due passi avanti e due passi indietro, torna dov'era. Parla pochissimo. È gentile, quando gli chiedi: «Come va, Nicola?», risponde: «Mi fa piacere vederla» e sorride. Tredici anni dopo Nicola è tornato. Non ha cambiato aspetto da allora: è uguale. L'ultima volta che si vide qui attorno fu al Raphaël il giorno delle monetine. C'era naturalmente, era con Bettino come sempre. Nella geografia dei palazzi romani per anni – per una stagione politica intera, una stagione lunghissima – Nicola ha segnalato la presenza di Bettino: lui era fuori quando Bettino era dentro. Fuori dalle riunioni, dai congressi, da Palazzo Chigi, dalle case degli amici, dalle cliniche dove i figli partorivano, dal partito e dai camper. Nicola: l'autista di Craxi. Ora che Stefania è stata eletta alla Camera con Forza Italia ha chiesto a Nicola di fare per lei quello che per tutta la vita ha fatto per suo padre: stare vicino, accompagnare, esserci. Di quel tempo sparito nelle strade di Roma resta solo lui, identico.

Stefania, la figlia di Bettino, vive dentro un universo di simboli: «A Montecitorio mi sono seduta al posto di mio padre, il suo stesso posto nell'emiciclo. La terza volta che un commesso si è rivolto a me chiamandomi "onorevole Craxi" sono scoppiata a piangere». Non per «onorevole» in sé, né per «Craxi» da solo naturalmente. Perché «onorevole Craxi» era lui. La figlia, quel giorno, ha preso il posto del padre. Nel suo nome, col suo nome, il suo posto. Onorevole Craxi. Aveva un garofano rosso all'occhiello del tailleur e Nicola ad aspettarla fuori dalla porta. Nicola che l'ha tenuta in braccio bambina, che l'ha accompagnata con la vecchia Mercedes enorme nei viaggi all'ospedale di Tunisi. Che è stato anni ad Hammamet ad accudire sua madre Anna, che ha portato avanti e indietro in aereo il parmigiano e il caffè, che ha vissuto in villa gli anni che loro chiamano dell'esilio – gli altri dicono latitanza – e che era fuori dalla stanza il giorno dell'operazione: erano solo loro due, Stefania e Nicola, quando Bettino è morto. Ai funerali lo salutavano tutti, i socialisti della diaspora venuti coi charter, lui rispondeva veloce grazie e scappava subito: dalla Signora e dalla sua anziana madre, la nonna di Stefania. Negli anni tunisini Nicola è andato ogni giorno alla capanna sulla spiaggia, quella da cui Craxi guardava il mare e l'orizzonte dell'Italia lontana. L'hanno costruita insieme, la capanna. Stefania ci torna sempre con lui ancora adesso. L'hanno rimessa a posto, canne nuove, foglie ogni anno fresche. Fanno visita alla famiglia di pescatori che vive sulla spiaggia. Loro offrono il caffè e i biscotti, si guarda insieme il mare e non si parla. Nicola guida di ritorno verso Hammamet. Conosce tutte le buche. Conosce tutti i capi di Stato, la gente del mercato, i traditori e i fedeli, gli ambasciatori e i custodi del garage. Per ciascuno ha un aneddoto, ma è difficile che si fidi al punto di concedersi di raccontare. Si capisce che sa dagli sguardi, dai cenni del capo, da mezze parole. Nel viaggio sulla sterrata guida quell'enorme macchina incongrua e dice: «Stefania è una persona unica al mondo, la figlia che tutti vorrebbero avere».

Stefania è una donna adulta ormai. Il suo primo figlio lo ha chiamato col nome di suo padre. «Mentre i medici tunisini dicevano che dovevano amputargli il piede, in Italia scrivevano che aveva un foruncolo. C'è chi ha fatto sondaggi per capire se essergli amico oppure no.» Nel libro che raccoglie le lapidi degli uomini che hanno fatto e disfatto l'Italia, *STTL. La terra ti sia lieve*, c'è una foto del cimitero sulla sabbia di Hammamet («La mia libertà equivale alla mia vita» c'è scritto sulla tomba) e il racconto di Stefania, questo racconto. «Ho rancori talmente grandi che non c'è posto per rancori piccoli» dice quando le nominano qualcuno dei «traditori». Quando suo padre era vivo lei girava armata. «Per difenderlo.» Quando era un'adolescente aspettava che lui uscisse per decidere come passare il pomeriggio: «La domenica non uscivo con gli amici fino a quando non capivo che mio padre non mi avrebbe portata con sé. Mi ricordo quando prendevamo la metropolitana e andavamo alle corse dei cavalli. Poi, quando è diventato presidente del Consiglio, tutto questo è scomparso. È scomparsa anche l'intimità. Venivo a Roma, andavamo a mangiare al ristorante e con noi c'erano quindici persone». È andata a votare, una volta, e ha scritto «Viva Craxi» sulla scheda. Ha messo insieme tutte le carte, tutte le foto. Ha passato anni a costruire la Fondazione che porta il nome del padre, il logo è un disegno del suo volto. Ha invitato Berlusconi ai convegni, lui c'è andato. Amato, anche. Ha preso una strada diversa da quella del fratello, al bivio della politica si sono divisi. «Non sopporto l'ipocrita divisione fra socialisti buoni e cattivi» ha detto. E poi anche: «Tra quelli che hanno creduto in mio padre solo le donne gli sono rimaste fedeli in politica: per forza, perché sono donne». I sentimenti, intende dire. Si è candidata col centrodestra, suo fratello Bobo col centrosinistra. Prodi ha vinto le elezioni e lei è entrata in parlamento, Bobo no. Bobo che firma con la stessa calligrafia, la stessa «C» grande di Bettino, che parla con la stessa voce. Lo hanno nominato sottosegretario, poi: è andato al governo. Sottosegretario agli Esteri insieme a D'Alema ministro. D'Alema che nei giorni dell'agonia di suo padre era presidente del Consiglio. Quello da cui Bettino si aspettava un gesto formale che gli consentisse di andare a operarsi in Francia, una mossa politica. «Aspetto che faccia qualcosa il ragazzo, ma non ci spero.» Lo chiamava così, D'Alema: il ragazzo. I due fratelli quando si incrociano non si parlano, voltano la testa. Alle cerimonie di famiglia vanno separati e stanno lontani. La madre è ancora ad Hammamet, non tornerà in Italia, vuole essere sepolta accanto al marito. A turno i figli vanno a trovarla.

Stefania ha cambiato fisionomia, negli anni: è diventata il ritratto del padre. Nel libro di foto che ha pubblicato con la Fondazione ce ne sono alcune di lei ragazzina, dei suoi figli bambini fra i piedi di presidenti e ministri, di Bettino quando stava bene e poi male, poi peggio fino alla fine. I vasi coi colori della bandiera italiana, il piede fasciato, la capanna sul mare. Nicola, sempre, nelle foto. Nicola che è tornato a Palazzo e lo trovi lì fuori ad aspettare la bambina, ora che si è fatta grande. Ora che è diventata l'onorevole Craxi, nel suo nome e al suo posto.

Sei nei miei piedi

L'amore perfetto è nell'assenza. Ciascuno lo sa: nell'assenza e nell'attesa. Un amore solo pensato, desiderato, invocato, rimpianto. Sognato ogni notte e intatto a ogni risveglio. Illanguidito dalla mancanza fisica. Mai sporcato da una frase, da un gesto, da un'ombra di realtà. Un amore brillante, remoto, assoluto. L'amore per chi non c'è. Incorruttibile. Anche l'amore materno è così, tutti gli amori lo sono. L'amore perfetto è un lutto.

Ho visto di nuovo le madri di Plaza de Mayo, alcune di loro, ricevere un premio letterario in Italia, il premio Nonino, al principio del 2006. Erano i giorni in cui annunciavano la loro ultima «marcia della resistenza» davanti alla Casa Rosada di Buenos Aires: dopo venticinque anni, l'ultima marcia. Alcune erano qui, in Italia, quella settimana fredda di gennaio. Vecchie stupende, donne di settanta, ottant'anni con la pelle trasparente, gli occhi come pozzi. Le avevo incontrate dieci anni fa la prima volta a Buenos Aires ed erano uguali. L'amore perfetto è anche una pozione che ti conserva com'eri nell'istante in cui ti ha colto. Le vecchie Madri sono appagate e risolte nel dolore. Sembra una bestemmia ma è così: sono donne senza esitazione, madri senza errore. Non esiste un esempio di Madre più puro, più intenso, più netto. Donne che per trent'anni hanno reclamato i loro figli, sfidando senza temere alcun pericolo l'arroganza violenta del potere. Donne che per venticinque anni hanno speso giornate intere davanti al Palazzo, immobili. Hanno lasciato indietro case, famiglie, obblighi di lavoro e domestici, genitori malati, altri figli. Hanno sfidato l'ironia, le minacce, gli insulti, la noia di sentir parlare di loro quando del passato non restava più altro che quei loro fazzoletti logori. Hanno invocato i figli anche quando erano sicure che non li avrebbero rivisti più: sono diventate perciò un non senso logico o il senso assoluto, che è lo stesso, il simbolo dell'amore materno. Li hanno ricordati e festeggiati e pianti ogni giorno della vita daccapo. Se li avessero avuti, quei figli strappati via, se fossero rimasti vivi da qualche parte nel mondo loro avrebbero avuto la sorte di ogni madre. Avrebbero avuto giorni di armonia e altri di silenzio, strappi, congedi, ritorni, solitudini, rancori e rimpianti. Sarebbero state madri a volte trascurate, nonne a ore, avrebbero cucinato per Natale davanti alle liti fra fratelli, avrebbero aspettato la telefonata settimanale con un sorriso e riabbassato il telefono piangendo e altre volte no, invece, altre volte sarebbero state felici di essere alla recita dei nipoti, avrebbero detto ma sì, certo che puoi lasciarli da me, andate pure in viaggio, tu e tua moglie, andate. Poi con un'amica si sarebbero forse lamentate di loro, questi figli ingrati, e insomma sarebbe andata come va: con fatica, con pazienza ogni giorno.

Invece no. I figli delle Madri sono scomparsi – i militari li hanno rapiti – si sono smaterializzati dalle loro case un giorno, in un attimo, uno mentre era a tavola a cena, l'altro in camera scrivendo una lettera. Sono usciti dicendo mamma ci vediamo stasera – sono stati torturati e uccisi, non sono tornati mai più. Non hanno avuto neppure una tomba. Un'ingiustizia senza nome. Così quell'attimo, l'ultimo fotogramma della loro presenza – del loro esistere da figli – ha ibernato per sempre le madri. Le ha rese immuni dallo stingersi di una convivenza qualsiasi, dallo sbiadire dei gesti nei giorni: le ha consegnate all'amore perfetto. Madri e nient'altro che madri proprio in virtù dell'assenza dei figli.

Dieci anni fa quando ci incontrammo la prima volta nella sede della loro associazione chiesi dove fossero i padri. Morti, mi dissero. Siamo quasi tutte vedove, i padri sono morti. Eppure quella domanda sopravviveva a una risposta così nitida. Morti, d'accordo: ma prima? Ci sono le Nonne, ci sono le Madri. Ci sono i figli con la loro associazione, Hijos. Ne ho incontrati tanti di figli: ragazzi che non hanno mai conosciuto quei genitori spariti prima di diventare altro che ombre sulle loro culle. Ragazzi rapiti neonati dai militari e cresciuti credendo che i loro genitori fossero coloro che invece avevano ucciso la loro vera madre. Allevati dai nonni, nei casi più felici. Ma i padri, perché non ci sono i Padri e i Fratelli e i Nonni di Plaza de Mayo? Dieci anni dopo leggo la risposta a pagina 218 del libro di Daniela Padoan, *Le Pazze*: il libro premiato al Nonino. Risponde Juanita. «Furono le donne a uscire di casa per andare a cercare il loro figlio», chiusero la porta e andarono, «uscirono dicendo: "Io lo cerco dappertutto e a ogni costo finché non riappare". Fu una cosa spontanea delle madri. Gli uomini andarono dietro. Cominciarono anche loro a riunirsi ma ognuno era di un partito diverso e non riuscivano a mettersi d'accordo. A un certo punto pensarono di mettere su una squadra di calcio con una scritta significativa ma neanche quello riuscirono a fare. Noi eravamo unite, loro no. Qualcosa non era dato nella stessa maniera. Sicuramente non era un minor affetto per i figli: molti di loro ebbero un colpo tale che non sopravvissero al dolore dei sequestri.» Hebe: «Tra gli uomini che venivano alle riunioni c'erano sempre molte discussioni legate all'appartenenza. Fra i progressisti c'era chi era comunista, chi trotzkista, chi marxista, chi peronista. Le divisioni tra i partiti politici venivano sempre prima. Invece noi madri non avevamo i partiti: avevamo i figli scomparsi». Beba: «Alcuni di loro non capirono i propri figli quanto li capirono le madri. Ci fu anche chi non era d'accordo con il modo di agire e di pensare dei propri figli. Le madri no, le madri i figli li hanno sempre nella pancia». È come se le donne avessero più confidenza col dolore. Come se lo conoscessero da sempre e lo maneggiassero meglio, come quando toccano il ferro da stiro per sentire se è caldo. Non si bruciano, non hanno paura. «Li avevamo portati dentro e non potevamo perdonare che ce li avessero tolti per sempre. Non avevamo paura di niente. Semplicemente noi li avevamo fatti con la pancia e loro ce li dovevano restituire.» Li avevano fatti con la pancia. Il corpo: l'assenza del corpo dei figli scomparsi è inaccettabile. Un corpo da seppellire, da piangere, da sapere che è lì.

Quella volta, dieci anni fa, era appena uscito in Argentina *Buenos Aires viceversa,* film di Alejandro Agresti girato in forma di rapsodia con una telecamera a spalla. Mi sembrò di una bellezza straziante e insopportabile. Magari i critici avranno detto insomma, non so. Non si è visto molto in Europa, magari non è stato nemmeno distribuito. Comunque c'era, tra i personaggi, una coppia di anziani genitori che non uscivano più per strada da quando la figlia era scomparsa. Proprio non riuscivano ad affrontare il fuori. Ricordo che lei, la madre, stava seduta in poltrona e si guardava a lungo i piedi. Inquadrature dei piedi gonfi, sformati nelle pantofole. Primo piano dei piedi che non toccano terra.

Nell'antologia di poesie e prose raccolte nel laboratorio di scrittura delle Madri – un laboratorio come terapia, il volume s'intitola *Il cuore nella scrittura* – ce n'è una di Juanita che si chiama *I miei piedi*. Si rivolge al figlio e gli dice, immagino guardandosi i piedi come la vecchia attrice del film: «Tu sei nei miei piedi». Tutto quello che mi è rimasto, quello che conservo di te è qui dentro le mie scarpe. «Sono i piedi che da bambina mettevo nelle pozzanghere per capriccio», quelli con cui sono entrata nella casa da sposa e poi in ospedale a partorire, con cui sono andata nei commissariati a pretenderti indietro, «che mi hanno portata a cercare amici che parlassero di te, luoghi che ti avessero accolto», piedi che hanno calpestato la piazza ogni giovedì, che «hanno attraversato tutte le strade come un torrente senza riposare». Ecco, adesso sei nei miei piedi. Avevano cominciato trent'anni fa a reclamare gridando i loro figli mettendosi in testa uno dei loro pannolini. I fazzoletti bianchi delle Madri erano questo, al principio: un triangolo di stoffa con cui li avevano fasciati neonati. «Avevamo bisogno di riconoscerci in piazza e una di noi disse mettiamoci in testa come fazzoletto un pannolino dei bambini, tanto ne abbiamo tutte conservato uno nell'armadio, no?» Sì, difatti lo avevano conservato tutte. Trent'anni dopo hanno smesso di camminare con le scarpe sformate da migliaia di chilometri, ciascuna avendo un figlio nei piedi. Da capo, come in un cerchio. Come quando i bambini per tornare dentro la mamma s'infilano, non potendo entrare altrove, nelle loro scarpe coi tacchi.

Hijos

Buenos Aires, autunno 1999. La ragazza che apre la porta potrebbe essere un'attrice. La casa è di legno chiaro e di vetro, alle pareti vecchie foto in bianco e nero e una sua, grande, di adesso. Un tè, una sigaretta. Per tutto il tempo si parla d'altro come fosse un esorcismo. Gli studi, i libri, i film, i locali dove andare la sera, la musica, i ragazzi, la città. Victoria Winckelmann ha 23 anni ed è così sorprendentemente bella che non riesce a stare tutta nelle foto. «Mi hanno chiesto di fare qualche sfilata, qualche posa di moda da un fotografo in studio e ho detto ok, in fondo mi ci pago l'affitto e sono contenta per mia nonna che sarà fiera di me. Però non mi piaccio in fotografia, guarda: non sembro io.» Si va avanti così, parlando di cosa può fermarsi nelle foto e cosa no. Laggiù in fondo alle parole di questa conversazione qualsiasi c'è una porta che solo lei può aprire, non sono domande che si riescono a fare. Difatti è lei, al momento dei saluti, a dirlo: «Scommetto che sei venuta per sapere cosa mi ricordo di lei». Sì, proprio così: se ti ricordi. «Certo che mi ricordo.» Guarda fuori dalla finestra. «Mi ricordo la porta della cella, mamma stesa nel letto, ci passavano la ciotola sotto la porta, la tiravano, scivolava per terra facendo quel rumore: *shhh*.» Mamma era molto bella, dice Victoria: aveva tre anni l'ultima volta che l'ha vista. L'hanno buttata da un aereo nel fiume. «Mamma voleva che io pensassi che era un gioco. Quando tornava dalla tortura rimaneva stesa e mi sorrideva, mi diceva: ho solo mal di pancia, piccola, vieni qui. Quando ho visto *La vita è bella* sono dovuta uscire dal cinema. Anche mamma voleva che pensassi che era tutto uno scherzo, rideva sempre con me.» Apre un cassetto, prende una lettera da una cartellina con dei disegni di bambino. «Questa l'ha lasciata ai nonni per me.» C'è scritto: «Ditele che le voglio bene, ma che non posso tornare a casa. Fatele vedere le nostre foto, mie e di suo padre». Sulla porta d'ingresso resta in silenzio a lungo. Allora arrivederci Victoria, buona fortuna. Lei scuote i capelli all'indietro: «Sa cosa penso sempre? A quanto deve essere stato duro per lei in quel momento il pensiero di lasciarmi sola».

I figli dei ragazzi rapiti e uccisi dai militari argentini alla fine degli anni Settanta sono più di 200. Le nonne, Abuelas, ne hanno ritrovati una settantina. Nati in prigionia e adottati dagli assassini dei loro genitori, cresciuti con loro. Alcuni – rintracciati dopo anni di battaglia silenziosa – hanno scelto di restare dov'erano. I gemelli Tolosa: Matia e Gonzalo. Erano due bambini biondi, ora sono due giovani eleganti e di poche parole: quartiere esclusivo, buone scuole, tate severe, le lingue e lo sport. Li rapì alla loro madre uccisa il generale Miara, capo del centro di tortura Olimpo. Quando l'hanno saputo hanno detto non importa, restiamo con lui. Mariana Zaffaroni, cresciuta con Miguel Angel Fusi, il torturatore di sua madre: «Sono orgogliosa di mio padre» ha detto, e non ha voluto parlare più.

Altri no. Carla Artés ha una faccia da india, fa la maestra di scuola. Ha sempre creduto che suo padre fosse Eduardo Ruffo, un altro dei torturatori: «Ha cominciato a molestarmi che avevo tre anni. Veniva con me sotto la doccia, ancora adesso non riesco a farla. Quando c'erano ospiti a casa mi nascondeva sotto una coperta e dovevo restare immobile. Un giorno ho visto una vecchia in tv. Aveva la foto di una bambina col nome uguale al mio. Ho chiesto a mio padre: chi è quella? Una vecchia strega che ti vuole levare il sangue, mi ha risposto. Poi mi ha picchiata e mi ha mandata in camera. Sono scappata. Ho cercato quella vecchia, l'ho trovata. Sono andata via dall'Argentina. Non torno più. Ruffo è libero, non voglio incontrarlo per strada».

Raquel e Mariano Robles, figli di un viceministro dell'agricoltura desaparecido, manifestano con l'associazione Hijos sotto le case degli aguzzini in libertà. «Non alzeremmo mai un dito contro di loro. Vogliamo solo che si sappia che ci sono e che sono impuniti. Sono liberi, noi invece siamo condannati a vivere insieme a loro.» Questo vogliono i figli che non hanno avuto i padri. E anche altre piccole cose, potendo. Maria Esther Morales, figlia di Jacinto Alonso, nata nel lager: «Voglio il suo cognome. Studio diritto, ho cercato le carte. Posso averlo e lo avrò». Sebastian Ulrich, figlio di Hilario: «Voglio sapere come ero da piccolo, se ero buono o cattivo, se giocavo a palla e se rompevo i vetri». Claudio Novoa, unico sopravvissuto in un'azione militare in cui furono uccisi i genitori, aveva cinque mesi: «Voglio solo stare con mio fratello, adesso. Non ci potevo credere quando ho saputo chi ero e che mio fratello era Gaston. Suona nel mio gruppo preferito. Avevo i suoi poster in camera, seguivo i suoi concerti». Tomas Di Toffino, che lavora nella stessa azienda del padre fucilato nel '77: «Voglio stare al suo posto, fare proprio quello che faceva lui nello stesso luogo». Victoria Winckelmann, la ragazza delle foto: «Voglio mettermi ogni tanto il fazzoletto in testa come lo portava lei e pensare che le somiglio. Lo dicono tutti, quelli che l'hanno conosciuta, che le somiglio».

Sono nata coi figli.
Franca Viola

Anche quarant'anni fa suonarono alla porta a quest'ora del mattino. Era il 26 dicembre del 1966, aprì sua madre. Erano tredici giovani armati, portarono via Franca, la tennero prigioniera otto giorni in un casale abbandonato. Filippo Melodia, il rampollo della potente famiglia che la voleva sposare a dispetto del suo rifiuto, pensò così di averla avuta e invece no. «Nell'istante in cui l'ho visto entrare con le armi in casa mia ho saputo che quell'uomo non l'avrei sposato mai. Con la violenza, mai.» In questa vigilia di Natale, quarant'anni dopo, è Franca Viola che scende ad aprire la porta. È ancora bellissima. La pelle liscia di luna, il naso dritto, le labbra che sembrano dipinte senza esserlo. Un grembiule, uno spazzolone e uno straccio, i capelli ricci che cadono sulla fronte: «Scusi sono veramente in disordine. Stavo per cominciare a pulire le scale». È nonna, la nipote Sonia ha appena compiuto tre anni, in soggiorno c'è il suo triciclo.

Franca Viola è nei libri, tra le donne che hanno fatto il Novecento: icona del primo rifiuto, in Sicilia, del matrimonio che ripara il disonore. Della dignità, della libertà di scegliere. Della ribellione alla legge non scritta che impone alle donne sacrificio e silenzio. È nelle enciclopedie e nelle tesi di laurea, ma lei non lo sa. C'è una Bibbia, nella libreria di casa sua, e qualche album di foto. «La mia vita non si è fermata allora, è stata un'altra. Con mio marito di quegli otto giorni non abbiamo parlato mai. Sono una moglie, una madre, una nonna. Non ho fatto niente di straordinario, ho solo dato ascolto al mio cuore. Come avrei potuto vivere con un uomo violento che non aveva avuto rispetto di me? Che futuro avrei avuto con lui? Sarei stata una schiava, prigioniera di un uomo che disprezzavo. Come si può accettare una sorte così? Ecco, io ho avuto la fortuna di un padre eccezionale, lui sì che mi avrebbe potuto imporre il matrimonio e non l'ha fatto. Mi chiese, quel giorno, riportandomi a casa sulla macchina dei carabinieri: "Cosa hai deciso, Franca?", "Non lo voglio sposare". "Brava, figlia mia. Tu metti una mano e io ne metto cento", capisce che vuol dire?» Vuol dire ti aiuto. «Ecco, sì. Vuol dire tu con la tua piccola forza e io con la mia, che sarà cento volte tanta. E guardi che era difficile per un povero contadino, allora, opporsi alla volontà di una delle quaranta "famiglie" di Alcamo, la più importante per giunta. Gli avevano bruciato il capanno e raso al suolo le vigne, lo avevano minacciato con la pistola per strada. Lo avrebbero ammazzato anche per meno, erano anni così. Però lui mi disse fai come vuoi tu, Franca, fai come ti senti. Si chiamava Bernardo, mio padre. Anche il mio secondo figlio: Bernardo Mauro. I figli mi hanno riempito la vita, non i ricordi.»

Parla un italiano perfetto. Sta diritta sul divano del salotto con le gambe incrociate e appena inclinate. Le persiane sono chiuse, una porta scorrevole e di là c'è il tinello moderno e pulito, il presepe con la foto di Padre Pio, le tende coi ricami. In camera da letto un copriletto di raso rosa, cuscini di trine. «In questa casa a parlare del fatto successo non è mai entrato nessuno.» Il «fatto successo», lo chiama. «Sono venuti a centinaia, una giornalista una volta è arrivata dall'America, è venuto Pippo Baudo di persona proprio qui e io l'ho fatto entrare, certo. Mio marito ci ha fatto una foto, se vuole gliela mostro, ma in tv no, non ci sono andata mai. Solo una volta, qualche anno fa, mi sono fermata qualche minuto sulla porta a parlare con un suo collega di Palermo, un signore gentile, poi siamo saliti da una vicina, lui mi aveva portato un libro che parlava di me. Però mai, mai ho voluto parlare di me perché davvero non saprei che dire. Mio marito dovete intervistare, mio marito sa cosa ha fatto?» Cosa? «Ha rischiato la vita per amore. Io l'avevo conosciuto che avevo 14 anni, lui 18. Un suo fratello aveva sposato una mia zia, così frequentava la casa. Ci eravamo promessi, una cosa da ragazzi ma vera, sincera. Poi, dopo il fatto successo, io non l'ho voluto più. Quello che mi aveva rapita mi aveva detto, prima di lasciarmi andare: "Adesso tutti puoi sposare se non vuoi sposare me, ma quello no perché lo ammazzo". Allora quando Giuseppe, mio marito, mi ha detto sposiamoci gli ho detto no, perché ti ammazza. Io sola voglio restare. Mi faccio monaca, piuttosto. Resto vicina alla mia famiglia, sto coi miei genitori. Giuseppe insisteva: sposami. C'era stato il processo, a quell'uomo undici anni di carcere gli avevano dato. Io gli ho detto: "Fra dieci anni esce e ti ammazza". Giuseppe mi ha risposto: "Meglio vivere dieci anni soli con te che tutta la vita con un'altra". Ci devo mettere anche i miei suoceri nell'elenco di quelli che hanno avuto coraggio. Una madre che vede suo figlio avviarsi a un destino così incerto si può opporre, mia suocera non l'ha fatto, sono stata una figlia per lei. Vede, alla fine l'eccezionalità della mia storia è solo questa: aver avuto attorno una famiglia straordinaria.»

Era di una bellezza sorprendente Franca Viola a diciott'anni, un'attrice, una Mangano. Quando della sua vicenda fecero un film, *La sposa più bella*, chiamarono Ornella Muti ragazza. Filippo Melodia la voleva, era ricco e potente, lei poverissima. Con dodici amici lui organizzò la «fuitina». La rapirono insieme al fratellino Mariano, che allora aveva otto anni. Il bambino piangeva e stava male, dopo un paio di giorni lo riportarono a casa. Lei restò nel casale. C'era un guardiano di bestie che li aveva visti passare, non disse nulla. «Omertà. Tutti sapevano, ma nessuno parlava. Mio padre, il terzo giorno, prese il fucile e cercò di uccidersi. Glielo tolse di mano mio zio. Pensava che fossi in fondo a un pozzo, che mi avessero uccisa. Lo vedo ancora il giorno che venne a prendermi, con la barba lunga di una settimana. "Non mi potevo radere la barba se tu non c'eri, figlia", mi disse.» È qui che piange, Franca Viola: a rivedere quella barba lunga, gli occhi di suo padre quel giorno. «Lei vuole sapere come ho fatto a non restare prigioniera tutta la vita di quella settimana. Venga, glielo mostro.» In camera da letto c'è un quadro col volto di Cristo, un disegno. «Ecco, questo era nella mia cameretta di ragazza. Io ci parlavo tutti i giorni. Lui mi diceva avanti, Franca, avanti. Mi accompagna da tutta la vita. La fede è una grande fortuna. Io, in specie, ho avuto una grazia da Dio: non ho paura. Non ho mai avuto paura, non ho mai camminato voltandomi indietro a guardarmi le spalle. È una grazia vera, sa? Perché come diceva Borsellino, il giudice: se non hai paura di morire muori una volta sola. Capisce che vuol dire?» Credo, sì. «Vuol dire che se hai paura muori un po' ogni volta che hai paura. Poi ti riprendi, ma vivi morendo. Se non hai paura, invece, vivi fino a quando non muori ed è solo un momento, allora.»

Vita, sua madre, abita nella casa vicino. Ha compiuto ottant'anni, Franca mostra le foto. Suo padre no, è morto vent'anni fa. «Ma ha fatto in tempo a vedere Nunzio Sergio e Bernardo Mauro, i miei ragazzi. Mi ha vista felice.» I ragazzi sono uomini, adesso. 36 e 30 anni. Il primo ha una figlia, il secondo si sposa l'anno prossimo. «È arrivato un momento in cui ho dovuto dirglielo. Sergio era in prima media, la sua insegnante un giorno disse in classe: "Fra qualche anno nelle antologie ci sarà anche la storia della mamma di Sergio". Allora lui tornò a casa e mi chiese: "Mamma, quale storia?". Così gliel'ho raccontata, l'ho fatta un po' più lieve ma gliel'ho raccontata tutta. Lui mi ha chiesto di leggere le riviste, qualcuna l'ho conservata. Tutte no, perché erano migliaia. Lo sa che ho dovuto sposarmi alle sette del mattino per evitare i giornalisti? Sono stati qui sotto casa per mesi, sono tornati per anni, ma io no, non volevo parlare: ho sempre voluto proteggere questa vita normale. Anche la scorta abbiamo mandato via. Per due anni dopo il processo sono rimasti i carabinieri nel garage davanti casa: io uscivo, e mi accompagnavano. Mio fratello andava a scuola, e lo portavano.» Le «famiglie», era logico, si sarebbero vendicate di quella condanna. Tredici ragazzi in galera, Franca fiera della sua vita. E invece no, non si è vendicato nessuno. «Le donne delle famiglie di quei tredici, le madri, le fidanzate, le sorelle, hanno capito, io credo, col tempo che era stata una cosa giusta. Avranno pensato: e se fosse successo a me? La cosa sorprendente è che dopo il fatto successo io pensavo di farmi monaca e invece lo sa che ho avuto tante proposte di matrimonio? Quelle venute da fuori non le conto nemmeno, ho una valigia piena di lettere di gente che mi ha scritto e c'erano anche quelli che dicevano "sposami", ma cosa vuole, sono cose che si dicono, però cinque o sei proposte le ho avute qui, da ragazzi di Alcamo, ragazzi che conoscevo. La gente a volte è più forte del destino che gli tocca.»

Filippo Melodia è morto, ucciso vicino a Modena da due colpi di lupara due anni dopo aver scontato la sua pena, nel '78. Gli altri sono liberi. «Negli anni qualche loro familiare è venuto a chiedermi di firmare le carte perché potessero avere un lavoro, fare un concorso. Le ho firmate. Li incontro qui in città, ogni tanto. Preferisco evitarli, ma se non riesco li saluto, e loro mi salutano: ciao. Quasi sempre abbassano lo sguardo. Ho pensato, nel tempo, che magari anche loro erano stati ingannati. Anche a loro quello aveva detto quel che poi ha detto al processo: che io ero d'accordo a sposarlo ma mio padre no. Così si sono prestati a fare da complici. Anche il papa me lo ha detto: "Le persone a volte sbagliano senza rendersi conto".» Papa Paolo VI. «Ci ricevette in udienza privata durante il viaggio di nozze, nel '68. Mi disse che benediceva me, mio marito e i figli che sarebbero venuti. Io ero così emozionata che non riuscivo a far altro che guardare quei piedi piccolissimi nelle scarpe bianche di raso, e pensavo: "Ma come fa il papa a sapere tutta la mia storia?". Quando siamo usciti dal Vaticano mio marito mi ha detto: "Ma Franca, avrà avuto qualcuno che gliel'ha raccontata prima". Ecco, sì, dev'essere andata così.» Signora Viola, la sua storia non la sapeva solo il papa: la sapevano tutti. «Questo, adesso che glielo sento dire, ancora mi sorprende, sa? Ma perché? Cosa ho fatto io? Lei non avrebbe fatto la stessa cosa? Nulla, ho fatto. Solo che, accidenti, parlando parlando s'è fatto tardi e non ho nemmeno pulito le scale.»

Volver

La storia è così: c'è una madre, morta, che torna. Torna dalle figlie perché ha lasciato dei conti in sospeso, ci sono cose che le restano da dire, ha un perdono da chiedere e smettetela all'istante di pensare non è possibile, che i morti non tornano perché lo sappiamo benissimo tutti che i morti non ti lasciano un momento, sono più presenti dei vivi, sono guide che plasmano i tuoi gesti anche quando non lo sai, ti comporti coi tuoi figli come loro si sono comportati con te o all'opposto come avresti voluto che facessero, sei inchiodato a restare se tuo padre un giorno se n'è andato, sei condannato a partire se tua madre quella volta ha preferito tuo fratello, cerchi in eterno un posto davanti ma l'unico posto che hai davvero è quello dietro. Inoltre esistono luoghi dove i morti vivono benissimo, la Mancha è uno di questi, ma ce ne sono anche qui. Paesi dove le donne vanno la domenica a pulire le tombe con la spazzola e il secchio dell'acqua e sapone, dove durante la settimana coi morti ci parlano, a casa, quando gli compaiono sulla soglia del bagno in penombra o in cima alle scale, dove per il funerale si fa una festa che viene tutto il paese, si mangia, si canta, si suona e tutto dopo continua come prima, le cose al loro posto, le persone nel loro letto e i morti seduti nella loro poltrona e i fiori che crescono. Dunque la storia è così e non è affatto una storia grottesca né visionaria: è proprio la vera, tangibile, realistica storia di una madre che torna dalle figlie e spiega loro che cosa è successo davvero quella volta, dà un posto alle cose ma non è nemmeno questa la vera ragione perché le cose il loro posto ce l'avevano già, l'avevano preso da sole. Torna perché sì, perché la vita gira in tondo e torna sempre da capo, perché nulla si perde e nulla muore se solo lo stai a sentire, se non lo fai morire tu.

Il film di Almodóvar si chiama *Volver*, che vuol dire tornare. *Volver* è una di quelle parole che cantano e si spiegano da sole, due sillabe come due battute di musica – una che va, l'altra che torna – come la risacca del mare e il principio di un tango. Una di quelle rare parole che contengono in sé il dizionario intero, tanto spiegarsi sul senso delle cose per aggiungere cosa?, *volver*. Non si fa altro che tornare nei posti dove qualcosa ci è successo. «Ho scritto questo film durante delle crisi di panico, e l'ho scritto pensando a mia madre» ha detto Almodóvar, ridendo serio. Lo ha fatto con le donne e con il vento. Fa ridere, molto. Fa piangere, parecchio. Fa venir voglia di vivere sempre così e di trovare da qualche parte dentro di sé tutta quella innocenza, quel coraggio, quella fragilità e quell'impeto che le donne – solo le donne, davvero – hanno. Perché le donne sono come i film di Almodóvar: sanno tenere insieme l'orrore e la felicità, il candore e la perversione, sanno parlare coi morti, sanno farsi carico dei delitti altrui e compierne intanto di propri, sanno crescere i figli nati dalla violenza, sanno portare il peso di un errore, sanno dare un posto a quello che altrimenti posto non avrebbe e sanno trovarci dentro la bellezza, sempre. Anche dove non penseresti di trovarla mai.

Questa è una storia di madri. Tutte madri storte, madri formidabili e assassine. Hanno ucciso i loro uomini, o hanno contribuito a farlo, che è lo stesso. Hanno protetto i figli che accoltellano i padri perché la vita andava così e bisognava assecondarla, nascondere un cadavere in un frigo e poi farci una festa per cento persone intorno, affettare i peperoni, cucinare e cantare *Volver*. Sono madri omi cide e innocenti, assolutamente e del tutto innocenti. L'innocenza – la condizione dell'animo – è qualcosa di difficile da descrivere, ma evidente quando compare: la riconosci sempre. Ecco: in queste donne di Spagna così intrepide, divertenti, folli, sagge, capaci di appiccare un incendio e di tornare a casa coi sacchi della spesa a cucinare per tutti c'è un meraviglioso segreto. Il segreto delle madri, anche quelle che non sanno o non vogliono esserlo: la capacità misteriosa di diventare un posto che accoglie tutto quello che succede nel cammino, tutto quello che viene e che c'è. La capacità di tenere insieme quel che insieme non sta. Di ricordare daccapo, ogni volta, da dove passa la vita e perché.

«Una madre lo sa»
di Concita De Gregorio
Piccola Biblioteca Oscar
Arnoldo Mondadori Editore

Questo volume è stato stampato
presso Mondadori Printing S.p.A.
Stabilimento NSM - Cles (TN)
Stampato in Italia - Printed in Italy